Tucholsky Wagner Zola Scott Sydow Schlegel
Turgenev Wallace Fonatne Freud
Twain Walther von der Vogelweide Fouqué Friedrich II. von Preußen
Weber Freiligrath Frey
Fechner Fichte Weiße Rose von Fallersleben Kant Ernst Richthofen Frommel
Engels Fielding Hölderlin
Fehrs Faber Flaubert Eichendorff Tacitus Dumas
Maximilian I. von Habsburg Fock Eliasberg Zweig Ebner Eschenbach
Feuerbach Ewald Eliot Vergil
Goethe Elisabeth von Österreich London
Mendelssohn Balzac Shakespeare Dostojewski Ganghofer
Trackl Stevenson Lichtenberg Rathenau Doyle Gjellerup
Mommsen Tolstoi Hambruch
Thoma Lenz Hanrieder Droste-Hülshoff
Dach Verne von Arnim Hägele Hauff Humboldt
Reuter Rousseau Hagen Hauptmann
Karrillon Garschin Gautier
Damaschke Defoe Hebbel Baudelaire
Descartes Hegel Kussmaul Herder
Wolfram von Eschenbach Dickens Schopenhauer Rilke George
Bronner Darwin Melville Grimm Jerome Bebel
Campe Horváth Aristoteles Voltaire Federer Proust
Bismarck Vigny Barlach Heine Herodot
Gengenbach
Storm Casanova Tersteegen Gilm Grillparzer Georgy
Chamberlain Lessing Langbein Gryphius
Brentano Lafontaine
Strachwitz Claudius Schiller Kralik Iffland Sokrates
Katharina II. von Rußland Bellamy Schilling
Gerstäcker Raabe Gibbon Tschechow
Löns Hesse Hoffmann Gogol Wilde Gleim Vulpius
Luther Heym Hofmannsthal Klee Hölty Morgenstern
Roth Heyse Klopstock Kleist Goedicke
Luxemburg Puschkin Homer
La Roche Horaz Mörike Musil
Machiavelli Kierkegaard Kraft Kraus
Navarra Aurel Musset
Lamprecht Kind Kirchhoff Hugo Moltke
Nestroy Marie de France
Laotse Ipsen Liebknecht
Nietzsche Nansen
Marx Lassalle Gorki Klett Leibniz Ringelnatz
von Ossietzky May vom Stein Lawrence Irving
Petalozzi Knigge
Platon Pückler Michelangelo Kock Kafka
Sachs Poe Liebermann Korolenko
de Sade Praetorius Mistral Zetkin

Der Verlag tredition aus Hamburg veröffentlicht in der Reihe **TREDITION CLASSICS** Werke aus mehr als zwei Jahrtausenden. Diese waren zu einem Großteil vergriffen oder nur noch antiquarisch erhältlich.

Symbolfigur für **TREDITION CLASSICS** ist Johannes Gutenberg (1400 — 1468), der Erfinder des Buchdrucks mit Metalllettern und der Druckerpresse.

Mit der Buchreihe **TREDITION CLASSICS** verfolgt tredition das Ziel, tausende Klassiker der Weltliteratur verschiedener Sprachen wieder als gedruckte Bücher aufzulegen – und das weltweit!

Die Buchreihe dient zur Bewahrung der Literatur und Förderung der Kultur. Sie trägt so dazu bei, dass viele tausend Werke nicht in Vergessenheit geraten.

Abenteuer eines Grünen

Robert Reitzel

Impressum

Autor: Robert Reitzel
Umschlagkonzept: toepferschumann, Berlin

Verlag: tredition GmbH, Hamburg
ISBN: 978-3-8495-3178-2
Printed in Germany

Rechtlicher Hinweis:
Alle Werke sind nach unserem besten Wissen gemeinfrei und unterliegen damit nicht mehr dem Urheberrecht.

Ziel der TREDITION CLASSICS ist es, tausende deutsch- und fremdsprachige Klassiker wieder in Buchform verfügbar zu machen. Die Werke wurden eingescannt und digitalisiert. Dadurch können etwaige Fehler nicht komplett ausgeschlossen werden. Unsere Kooperationspartner und wir von tredition versuchen, die Werke bestmöglich zu bearbeiten. Sollten Sie trotzdem einen Fehler finden, bitten wir diesen zu entschuldigen. Die Rechtschreibung der Originalausgabe wurde unverändert übernommen. Daher können sich hinsichtlich der Schreibweise Widersprüche zu der heutigen Rechtschreibung ergeben.

Für den Menschen, der nicht seine ganze geistige Tätigkeit darauf beschränkt, für das Knochengerüst eines Systems, wie sein philosophisches Denken es sich erbaut hat, das nötige Fleisch mühsam zusammenzusuchen, für den Menschen von gesunden Sinnen, dem schließlich das lebendige Leben doch das Interessanteste ist, sind von jeher gutgeschriebene Selbstbiographien oder Memoiren Lieblingslektüre gewesen. Die Kulturgeschichte, welche erst in unsren Tagen an die Stelle der sogenannten Weltgeschichte getreten ist, gibt schließlich doch nur Gesamtbilder, in denen das Einzelne sich nicht genau ausmalen läßt, liest man aber die Aufzeichnungen vernünftiger Männer oder Frauen, die dem Entwickelungsgang ihrer Zeit nicht allzu fern standen, so heben sich aus dem großen Ganzen die einzelnen Bilder plastisch hervor, und indem man das Kleinere bewundern und lieben lernt, erschließt sich uns das Verständnis des Großen.

Wie könnten wir uns von der vergangenen Herrlichkeit und der Misere des deutschen Bürgertums freier Reichsstädte einen Begriff machen, wenn wir nicht Bücher hätten wie Goethes Dichtung und Wahrheit? Was macht die prosaischen Schriften Fritz Reuters so lebensfrisch und lebenswahr? Nur der Umstand, daß er seine eigenen Lebenserfahrungen und Reflexionen und somit ein Bild der Denkweise seiner Zeit mithineinwebt.

Sollte nicht auch das Bild derjenigen Periode, die wir, fast alle wie wir hier sind, mit durchlebt und mit haben schaffen helfen, zu Nutz, Lehr und Ergötzen des zukünftigen Geschlechts festgehalten werden? Ich meine die Periode des Deutschamerikanertums, die, wenn sie nicht zu Ende geht, doch heute schon in ein so anderes Stadium übertritt, daß sie den später Kommenden so fremd erscheinen wird wie uns die Zeit unserer bezopften Urgroßväter. Schon ist in dieser Hinsicht Ansehnliches geleistet worden. Ich erinnere nur an *Friedrich Kapps* Forschungen über das Deutschamerikanertum, die auch eine ganze Reihe von Biographien, Skizzen und Briefen zum Vorschein gebracht haben. Dann *Heinzens Erlebtes, Kudlichs Erinnerungen, Gustav Körners* Erlebnisse usw. – Wenn ich nun hierzu auch meinen bescheidenen Beitrag liefern will, so kann natürlich von der Biographie oder auch nur von einer abgeschlossenen Lebensperiode nicht die Rede sein, ich bescheide mich vielmehr mit einer Beschreibung der Leiden und Freuden, welche der Neuling in diesem Lande der Selbsthilfe zu erfahren hat, und da ich niemanden kenne, der grüner als ich den Strand Columbias betrat, und da ich niemanden besser kenne als mich selber, so sollen es meine eigenen Abenteuer sein, die ich Ihnen als Abenteuer eines Grünen vorführen will.

Nicht als ob ich wesentlich Anderes erlebt hätte als viele meiner Leser, nicht als ob nicht viele derselben Interessanteres und Großartigeres gesehen hätten, nicht als ob ich meine Schilderungen in eine Reihe mit jenen kulturhistorischen Dokumenten stellen wollte, aber auch in meinem Kopfe malt sich anders die Welt als in dem des Nachbars, und indem ich versichern darf, daß es sich in diesen Aufzeichnungen nicht um Dichtung und Wahrheit, sondern nur um Erlebtes handelt, wird es mir hoffentlich gelingen, meine Leser, die ich schon so oft geärgert habe, wo ich es gar nicht wollte, diesmal nur zu amüsieren.

Ich war zwanzig Jahre alt, als ich von Deutschland lassen mußte. Ich hatte meinen Eltern, wie man zu sagen pflegt, viel Kummer gemacht, aber die Versöhnung hatte stattgefunden bei goldgrünem Markgräfler, es waren auch Tränen geflossen, die nicht *nur* Tränen der Erlösung (auf Seiten der Eltern) waren, in meiner Tasche klirrte französisches Gold – aber ich pfiff doch ein melancholisches Lied, als ich so dem Rhein zu fuhr, hinaus in the wide, wide world.

Kannte ich doch den deutschen Strom von dort oben, wo er den Bodensee durchschwimmt, wo er in tollem Sprung bei Schaffhausen in die Tiefe sich stürzt, wo er die Türme von Basel in der schon breiteren Fläche widerspiegelt, wo er, von den Bergen des Kaiserstuhls überragt, an dem felsigen Piedestal der Limburg hinaufschäumt, bis hinab nach Mainz, hatte ich doch in seinen Fluten meine erste Knabenkühnheit erprobt; und nun, als ich bei strömendem Regen nach der uralten Reichsstadt zufuhr, nun klang mir doch unwillkürlich im Herzen jenes einfache und doch aus Blut und Tränen gegossene Abschiedslied, das einst die unglücklichen deutschen Untertanen, die von ihren Landesvätern an England verschachert waren, zu singen pflegten: »Wohlauf ihr Brüder und seid stark, der Abschiedstag ist da, wir ziehen über Land und Meer ins heiße Afrika.«

Noch einmal übersah ich von Straßburgs Münsterturm mein liebes Allemannenland, ohne zu ahnen, daß die unter mir friedlich im Abendschein lagernden Gefilde bald der Schauplatz eines blutigen im Interesse zweier Tyrannen geführten Krieges sein würden. Dann gings in den schlechtesten französischen Eisenbahnwagen, die man sich denken kann, es waren mehr Viehwagen als menschenwürdige Gelasse, und die Gesellschaft bestand aus Viehhändlern und betrunkenen Soldaten, durch Nacht und Nebel Paris zu.

In echt deutscher Weise, die solange als möglich jedes selbständige Handeln abschneidet, hatte man mich unter das Kommando eines jener nichtswürdigen Auswanderungsagenten gestellt, die ihre Pflegebefohlenen wie Sklaven zu dirigieren pflegen und für teure Bezahlung stets in die schlechtesten Reisegelegenheiten und schmutzigsten Hotels einpferchen. Freilich mein Vater wußte wohl, was er tat, denn wenn nicht so die ganze Reise verakkordiert gewesen wäre, so hätte ich vielleicht niemals Amerika erreicht, und wer weiß, ob mich nicht Paris, das göttliche Paris, solange gehalten hätte, bis mein bescheidener Reichtum verschwunden gewesen wäre.

Meine damalige Reisegesellschaft bestand aus einem bäuerlichen Brautpaar aus dem Schwarzwald, das reichlich mit Speck und Kirschwasser, dagegen mit der allergeringsten Dosis von Welt- und Menschenkenntnis versehen war. Ich schrieb damals als Charakteristikum der beiden die Worte »sehr grün« in mein Notizbuch. Ach! hätte ich damals ahnen können, wie sehr grün ich mir selber noch vorkommen mußte, und wie jener Bauer vielleicht schon längst im Westen den Pflug zog, während ich noch ratlos in den Straßen New Yorks umherirrte!

Paris, Paris, nie werde ich es vergessen, das unvergleichliche Babylon an der Seine. Wer wissen will, was Leben heißt, der muß einmal in Paris gewesen sein. Ich war vernünftig genug, die paar Tage, die ich dort zu verleben hatte, nicht mit einer Hetzjagd nach Sehenswürdigkeiten zu vergeuden; ich flanierte auf den Boulevards und rate jedem, der in kurzer Zeit Pariser Leben kennen lernen will, dasselbe zu tun. Ich habe dort, wie nie vorher und nachher, weibliche Grazie erkannt, und habe zum ersten Mal eingesehen, wie weit wir Deutsche in mancher Hinsicht in unsrer kleinlichen spießbürgerlichen Engherzigkeit zurückbleiben hinter der liberalen Denkweise der Franzosen. Hiervon nur ein Beispiel: Auf den Boulevards reiht sich Restaurant an Restaurant, aber nicht unsere dumpfen, lärmenden Kneipen mit den ewigen Tabaks- und sonstigen Gerüchen, sondern auf offener Straße mitten unter dem Gewühl der Passierenden stehen die eleganten Tischchen, wo man seit neuerer Zeit das beste Wiener Bier, dort »boc« genannt, sich zu Gemüte führen kann. Nun sah ich, wie einer jener Hausierer, die mit artigen Schmucksachen, Pomaden, Statuetten und was sonst nicht allem handeln, von Tisch zu Tisch ging und auf eine Entfernung von ungefähr zwei Squares seine Waren verteilte. Eine Kontrolle von Seiten des Hausierers war bei dem ewigen Kommen und Gehen der Gäste eine reine Unmöglichkeit. Nach Verlauf einer Viertelstunde etwa pflegte er dann wiederzukommen, um seine Waren zu kollektieren oder das Geld für die fehlenden, immer mit dem Preise markierten Sachen einzuziehen. Welch ein Vertrauen auf die Ehrlichkeit des Publikums, welch eine großartige Gesinnung spiegelt sich in diesem kleinen Zuge wider!

Auch mit einer Anzahl deutscher Auswanderer traf ich schon in Paris zusammen, und als ich später von der Kriegserklärung und dem angeblichen Haß der beiden Nationen gegeneinander las, fiel mir wieder ein, daß wir damals auf dem Boulevard Imperial bei klingenden Gläsern Vaterlandslieder gesungen haben, ohne daß uns ein Franzose auch nur durch einen schiefen Blick beleidigt hätte. Durch ein wahres irdisches Paradies führt einen die Reise von Paris nach Havre, aber was ist alle Erdenschöne gegen die ewige Pracht des unendlichen Meeres, das ich niemals schöner gesehen habe, als von der hinter Havre sich erhebenden felsigen Höhe. Thalatta! Thalatta! drang es wie ein Aufschrei des Entzückens aus meiner Brust. »Sei mir gegrüßt, du ewiges Meer, sei mir gegrüßt 10.000 mal, wie einst dich grüßten 10.000 Griechenherzen, unglückgehärtete, heimatverlangende Griechenherzen.«

Freilich, mein Pfad wandte sich von der Heimat, und gerade der Anblick des Meers erweckte in mir das erste Heimweh nach dem, was ich verlassen, und das jetzt schon so weit, so weit hinter mir zu liegen schien:

Aus der Seestadt wüst Gewirre,
Von des Meeres weitem Spiegel

Trägt mich der Erinnerung Flügel
In des Schwarzwalds Baumesirre.

Und ich denk vergangener Tage –
Und das kleine Schwarzwaldstädtchen
Und das süße blonde Mädchen
Sind mir schon wie alte Sage.

Havre selbst gefiel mir nicht besonders, die Seeschiffe hatte ich mir bei weitem größer und imposanter gedacht, nur eins imponierte mir, und ich hab es auch getreulich ins Tagebuch eingetragen: die Dienstmädchen tragen hier alle am Werktage Hüte wie meiner Mutter ihr Sonntagshut. Mein Oberkirchener Brautpaar ließ sich in Havre trauen, und zwar, da sie keinen deutschen Pfarrer finden konnten, bei einem Friedensrichter. Das muß den beiden aber wohl als nicht genügend erschienen sein, denn sie hielten sich auf der ganzen Reise mit ängstlicher Scheu separat.

Welche Gefühle mich beseelten, als wir endlich an einem prachtvollen Morgen in See stachen, und nach und nach am Horizont die letzte Spur des heimischen Weltteils verschwand, das läßt sich schwer sagen. Soviel weiß ich, daß ich mir über .den Ernst meiner Sachlage noch nicht klar geworden war, sondern wohlgemut fuhr ich in die Welt hinaus. Das ganze kam mir vor wie eine etwas größere Ferienreise, von der ich ja doch früher oder später wieder zu den Fleischtöpfen des Elternhauses zurückkehren würde. Von der Seekrankheit blieb ich verschont, ich hatte das dem mitgenommenen französischen Wein zu verdanken, der außerordentlich gut und außerordentlich billig in Havre zu haben ist.

Die Gesellschaft im Zwischendeck war wie immer eine bunt gemischte. Da waren biedere, mit Ungeziefer gesegnete Pommern und Posener, die beständig ganze Töpfe voll der abscheulichen Schiffskost hinunterwürgten, nur um das Gegessene sofort wieder ans Tageslicht zu befördern, da waren fixe Hamburger Mädels, ein fideler Bierbrauer aus San Francisco, der bei allen Damen den Galanten spielte, einige andere deutschamerikanische Daseinskaffern, deren Kauderwelsch mir unendlich komisch vorkam; die Lagerstelle über mir bewohnte eine Frau aus Friesland mit fünf Sprößlingen, deren kindliche Harmlosigkeiten mich nicht wenig genierten, und mir gegenüber logierte eine »jebildete« Familie aus Berlin, deren mütterliches Haupt mir beständig versicherte, daß sie nur durch ein Mißverständnis des Agenten ins Zwischendeck gekommen seien, daß es entsetzlich sei, mit so jemeinem Pack reisen zu müssen, und die dabei nicht nur meinen Wein mit der größten Ungeniertheit austrank, sondern auch mich, sowie die übrigen jungen Leute in ein vollständig zu ihrer Verfügung stehendes Bedientenheer zu organisieren wußte. Ja, diese Preußen! Wir haßten das Frauenzimmer wie Gift und *Opperment*, aber wir ließen uns doch von ihr tyrannisieren. Doch wurde mir später eine gewisse Genugtuung zuteil; sie erzählte nämlich beständig von ihrem reichen Goldonkel in New York, der dort eines der »größten Geschäfte« der Stadt haben sollte. Einige Zeit nach unserer Landung fand ich sie wieder in einem kleinen schmierigen Schneider-Shop, woselbst sie dem Goldonkel die alten Kleider des Proletariats ausbessern half. Der Einzige, mit dem ich ordentlich verkehren konnte, war ein Kieler Student namens Johannes Jonas, der mir die charakteristischen Strophen ins Stammbuch schrieb: »Ich liebe, weil ich lieben muß, ich lieb nach einem Himmelsschluß, und wenn ich keinen lieben kann, fang ich, verflucht! zu saufen an.« Dieser Jonas ist jetzt »freisinniger« Pfarrer in St. Louis, hat ein eignes Haus und hat schon zweimal mit gefüllten Taschen die alte Heimat besucht. Man sieht, auch die freisinnige Gottesfurcht nährt ihren Mann. Er ist auch Abonnent des *Armen Teufels*, und da er persönlich ein fideler Kerl ist, so sei ihm bei dieser Gelegenheit mein Gruß übermittelt.

Sturm wechselte mit heitern Tagen, an denen fröhliche Tanzweisen auf unserer *Hamonia* erklangen, das Hamburger Bier schmeckte ganz »wunderschön« und wunderbar schnell verwandelten sich meine schönen, blanken französischen Goldstücke in die abscheuliche kleine Hamburger Scheidemünze, die ich niemals berechnen lernte und von der ich auch nichts mit auf amerikanischen Boden brachte.

Donnerstag, den 22. Juli, landeten wir in New York resp. Hoboken und erfuhren dort zuerst die Kunde von der Kriegserklärung zwischen Deutschland und Frankreich, die aber in jenem Augenblicke, da eine neue Welt mit ihren Eindrücken auf mich einstürmte, kaum meine Aufmerksamkeit erregte.

Wir landeten. Wie leicht sich das sagen läßt, aber mit welchen Schwierigkeiten dieses Landen verbunden war! Ich hatte meinen Koffer glücklich vom Schiffe heruntergebracht und fand zu meinem Entsetzen, daß auch im freien Lande eine Douane existierte. Der Koffer mußte geöffnet werden. Nun war das ein altertümliches Möbel, das gar kein eigentliches Schloß hatte, dafür aber mit mächtigen eisernen Klammern umspannt und zugenagelt war. Das Aufbrechen desselben gelang mir nach großer Mühe im Schweiße meines Angesichts. Ein Blick der Zollmenschen auf den Inhalt, der sich zuoberst durch Bücher und eine alte Studentenmütze repräsentierte, genügte zur Überzeugung, daß man hier wohl schwerlich seidene Kleider und Diamanten erwarten durfte. Aber nun war die Frage: wie soll ich den Koffer wieder zuschließen? Hilfesuchend irrte mein Blick durch das Gewühl meiner Leidensgenossen, aber die hatten alle genug mit sich selbst zu tun. Die Dienste eines Matrosen zu engagieren war unmöglich, da ich außer einem Wechsel auf eine New Yorker Bank keinen Cent mehr mein eigen nannte. Hammer und Nägel waren wohl da, aber wie ich auch hämmerte und schwitzte und fluchte, es wollte mir nicht gelingen, den widerspenstigen Kasten, der sich ordentlich zu freuen schien, wieder in die Sklavenfesseln der eisernen Klammern zurückzubringen. Unterdessen waren schon Alle reisefertig, der kleine Dampfer, der uns nach Castle Garden hinüberbringen sollte, fing schon an zu pusten, und ich stand immer noch rat- und hilflos von Göttern und Menschen verlassen. Das hätte mir schon einen Vorgeschmack geben können von dem, was mich in Amerika erwartete. Da stand ich mit meinen Kenntnissen. Derartige Arbeiten hatten ja stets andre für mich besorgt – und wer weiß, ob ich nicht noch dort stehen würde, wenn nicht schließlich ein Schustergeselle, den ich auf der Überfahrt kaum als Menschen gerechnet hatte, sich meiner erbarmt und mit ein paar kunstgerechten Griffen und Schlägen die Sache in Ordnung gebracht hätte.

Endlich waren auch die Qualen des Castle Gardens überwunden, ich betrat wieder festes Land und überließ mich sofort nebst verschiedenen Andern dem ersten besten »Runner«, der uns nach dem »Freiburger Hof, in der herrlichen Greenwich-Straße lotste.

Ich könnte nicht sagen, daß mir dieses Hotel sonderlich gefallen hätte, aber es war wenigstens deutsch, die Bedienung deutsch-grob,

Bett und Tischtücher deutsch-schmutzig, nur eins kam mir spanisch oder vielmehr amerikanisch vor, daß man nämlich seine Stiefel selber putzen mußte. Von dem segensreichen Institut der »Bootblacks« erhielt ich freilich alsbald Kunde, nachdem ich meinen mitgebrachten Wechsel durch einen guten Freund hatte kassieren lassen. Der Wechsel lautete auf Gold, der gute Freund brachte mir hundert Dollars in Papier, und ich habe es erst Jahre nachher begriffen, daß er etwa dreißig Dollars als Botenlohn eingesteckt hat. Nun, man amüsierte sich in den klassischen Bezirken der Bowery, man lebte, als ob das niemals ein Ende nehmen könnte.

Es fiel mir natürlich nicht ein, ein billiges Zimmer zu mieten, ich blieb ganz einfach wo ich war, und nach Verlauf von – doch die Bescheidenheit verbietet mir, die Zeit näher zu bestimmen, begrüßte mich bereits der so viel besungene letzte Dollar.

Nun begann mir doch die Notwendigkeit aufzudämmern, daß ich hier, wo man nicht wie einst in schöneren Tagen nach Hause um Geld schreiben konnte, doch etwas tun müsse, um des Leibes Notdurft und Nahrung zu erlangen.

In die theologische Laufbahn zurückzukehren, wäre mir, selbst wenn ich draußen ein Staatsexamen gemacht hätte, nicht eingefallen, ich besuchte also sämtliche deutsche Zeitungsofficen, ich bot mich in Buchhandlungen an, ich studierte die »Verlangt« der »Staatszeitung« und suchte im frühesten Morgengrauen die gegebenen Adressen, alles vergeblich! Man konnte in dieser neuen Welt ganz gut ohne mich fertig werden, man brauchte mich nicht, und ich begann mir selber entsetzlich unbrauchbar vorzukommen. Immer tiefer nach Null sank mein Stolz und mein Ehrgeiz, immer niedrigere Ziele schienen mir begehrenswert. Einer der mit mir Herübergekommenen hatte eine Empfehlung an einen Williamsburger Bierbrauer. Mit hoffenden Herzen eilten wir hinüber, aber der Bierbrauer war die Woche vorher gestorben, und die Witwe, der ich vergebens meine Fähigkeit im Fässerputzen usw. anpries, erzählte uns zwar haarklein, was sie alles mit ihrem seligen Mann, der ein arger Don Juan gewesen sein muß, auszustehen hatte, sie ließ sich auch das Bier bezahlen, das wir im Vertrauen auf Gastfreundschaft bestellt, aber Verwendung hatte sie keine für uns.

Schon war ich in eine jener Menschenhandelagenturen an Greenwich St. hinabgestiegen, wo man für das edle Gewerbe der Backsteinbrennerei angeworben wird, da nahte mir noch einmal die Rettung in Gestalt eines badischen Landsmannes, der mir, wie er sich ausdrückte, eine solide Stellung in dem Restaurant einer Frau Pfaff verschaffte; nicht etwa als Barkeeper, so hoch verstiegen sich meine Aspirationen gar nicht mehr, aber als garçon de la cuisine, auf gut deutsch als Lehrjunge.

Frau Pfaff nahm freilich starken Anstoß an meiner Brille (ach wie viele Pforten hat mir damals dieses Instrument verschlossen!), aber sie war eine dicke Frau, folglich eine gute Frau und erklärte, es einmal mit mir riskieren zu wollen.

Mit freudebeflügelten Schritten eilte ich jenen Abend nach Hause, stand ich doch auf der ersten Sprosse der Leiter zur höchsten Macht, und freudig trat ich des nächsten Morgens um 5 Uhr meinen neuen Wirkungskreis an; denn so gedankenlos und leichtsinnig ich vorher gewirtschaftet, dies gute Zeugnis darf ich mir geben, daß ich, sobald einmal Not an den Mann ging, jeden falschen Stolz beiseite warf, keiner Arbeit mich schämte und mich mit Humor, diesem Göttergeschenk, das mich niemals verlassen hat, in jede Lage zu schicken wußte.

Trotzdem kam es mir doch seltsam vor, als mir an jenem Morgen des Hauses Gebieterin als Szepter meiner neuen Würde den Besen in die Hand drückte und mir den großen Eßsaal auszukehren befahl. Ach! dacht ich, wenn das deine Eltern wüßten, oder gar sie, mit der ich Goethes Tasso las und die in mir mindestens einen zweiten Tasso erblickte, oder die Kommilitonen, mit denen ich suitisiert, gepaukt und kommersiert! Aber mutig zog ich Strich um Strich, und je dichter die Staubwolken aufwallten, desto mehr kam ich zu der Überzeugung, daß ich nun meinen eigentlichen Wirkungskreis gefunden. Aber aus allen Himmeln riß mich die höhnische Stimme der Wirtin:»So, das heiße Sie kehre, da verstehe Sie schon amol gar nix davon, gebe Sie her, ich wills lieber selber tun und gehe Sie runter in die Küch.«

Seufzend stieg ich in die unteren Räume und erlangte mein Selbstvertrauen erst wieder, als ich bemerkte, daß meine Hauptbeschäftigung aus dem ohne philosophische und praktische Vorbildung möglichen Messerputzen bestand. Das gab nun freilich müde Finger, und die Idee einer Maschine, welche dieses einfache, variationslose Geschäft besorgen könnte, begann sofort in meinem Gehirn zu dämmern; aber die Sache mache sich doch zu allseitiger Zufriedenheit. Meine Willigkeit zu jeder Arbeit erhöhte sichtlich meinen Wert in den Augen meiner Gebieterin, und vielleicht – wer weiß, hätte späterhin ein auf gegenseitige Achtung gegründeter Ehebund mich zum würdigen Besitzer einer Garküche machen können, wenn nicht – der Esel bekanntlich aufs Eis ginge, wenn es ihm zu wohl wird, und so meiner neuen Karriere ein schnelles Ende bereitet worden wäre.

Das kam aber so. Ich hatte, als ich nach Amerika kam, ein kleines Arsenal von Waffen; denn ohne die glaubt einer, der die *Gerstäckerschen Reisebeschreibungen* gelesen, nicht auszukommen; bestehend aus einem Stockdegen und zwei Revolvern. Der Stockdegen, ein fein geschnitztes Exemplar, war mir schon im Freiburger Hof gestohlen worden, der eine Revolver war verkauft, aber noch blieb der zweite, ein Schießzeug, das ein Sachverständiger auf etwa 15 Dollars schätzte. Nun glaubte ich, daß in der amerikanischen Freiheit auch die Schießfreiheit eingeschlossen sei, so machte ich mir denn, als ich eines Abends in meiner Dachkammer nicht schlafen konnte und das kleine Talgstümpchen, das mir Beleuchtung spendete, erloschen war, das naive Vergnügen, zum Fenster hinaus den Nachthimmel zu beschießen. Tags darauf machte mir der Koch, ein Elsässer, der mir, da ich Gnade vor den Augen der Pfäffin gefunden hatte, nicht besonders hold war, das Entsetzliche und Verbrecherische meines Tuns klar. Schon sei die Polizei aufmerksam geworden und das Beste sei, ich gebe ihm den Revolver zur Aufbewahrung, dann könne ich doch, falls die Polizei komme, sagen, daß ich gar kein Schießgewehr habe. Das tat ich denn auch in meiner Unschuld. Sah mich aber trotzdem am nächsten Tag vor die Wirtin zitiert, die durch den Koch gehörig aufgehetzt war, und empfing die Eröffnung, daß sie gezwungen sei, mich für einen gefährlichen Charakter zu halten, und es darum besser wäre, wenn wir in Frieden auseinander gingen.

Das war ein harter Schlag, aber was wollt ich machen, aufs Bitten und Betteln konnte ich mich niemals verlegen, und im Übrigen wurden meine Gefühle auch etwas besänftigt durch die 3 Dollars, mit denen man meine fünftägige Arbeit honorierte. Jetzt ging die alte Jagd wieder los. Glücklicherweise hatte ich unterdessen einen jungen Mann getroffen, der mit mir auf dem Gymnasium gewesen und jetzt Aufwärter in einer jüdischen Garküche niedersten Ranges war. Da konnte wenigstens zeitweise der ärgste Hunger befriedigt werden, freilich die Kost und die Gerüche!

Als nun schließlich wieder die Geldlosigkeit in ihre Rechte trat, gedachte ich, meinen Revolver um irgend einen Preis zu verkaufen. Ich ging also in mein früheres Geschäftslokal, um mir von dem Koch denselben geben zu lassen. Da kam ich aber schön an; mit Schimpf und Hohn leugnete der Schuft, jemals den Revolver erhalten zu haben, vergebens appellierte ich an meine frühere Gönnerin, vergebens hielt ich an die versammelten Gäste im Eßsaal eine pathetische Anrede, ich weinte vor Wut, aber mein Schrei nach Gerechtigkeit verhallte ungehört, die Herren zuckten die Achseln, vielleicht hielten sie mich für verrückt und kauten ruhig weiter. Ich bin heute überzeugt, daß das in einer Gesellschaft von Amerikanern nicht möglich gewesen wäre, aber abgestumpftere Menschen gegen fremdes Elend als die New Yorker deutschamerikanischen Geschäftsleute habe ich nie gefunden. Zudem machte mir die Wirtin die Eröffnung, daß ich sofort meinen Koffer aus ihrem Lokale schaffen müßte, widrigenfalls sie denselben auf die Straße werfen lasse.

Ja, aber wohin? Ich hatte ja keine Wohnung und kein Geld, und der Koffer war entsetzlich schwer. Schließlich entschloß ich mich, denselben nach dem Logis meines Freundes zu schaffen, das freilich aus einem Loche bestand, wo neben dem Leichnam des Bewohners nur noch unzählige Wanzen Platz fanden.

Der unglückliche Koffer! wenn einst meine Nachkommen als wohlhabende Bürger, Senatoren oder sonstige große Tiere ihre Villen am Hudson bewohnen, so sollen sie demselben einen Ehrenplatz in ihrem Parlor gönnen.

Mit Hilfe eines Kellners hatte ich ihn auf das Trottoir geschafft. Hin und wieder ließ sich ein Vorübergehender durch mein Jammergesicht bewegen, eine hilfreiche Hand zu leihen; da aber die Handhaben an diesem praktischen Möbel so infernalisch klein und von Eisen waren, daß sie die Finger ordentlich durchschnitten, so standen sie bald von dem Versuche ab. Und so schleppte ich denn den Kasten, ihn an einer Handhabe hinter mir herziehend, zwölf Blocks weit, schleppte ihn durch das Wagengerassel und Tohuwabohu des Broadway, schleppte ihn die Bowery entlang und brachte ihn endlich glücklich nach fünfstündiger Arbeit in jenem Tenementhause unter.

Das ist eine Tat, auf die ich mir nicht wenig einbilde und zu der mir nur die Verzweiflung Kraft leihen konnte.

Dann folgte eine Zeit der schweren Not, 98-100 Grad im Schatten: ich sah einmal vier Menschen an einem Tage vom Sonnenstich getroffen niederfallen, nichts im Magen als *Crotonwasser* und überall abschlägige Antworten.

Des Spaßes halber will ich einmal hier die Beschäftigungen aufzählen, für die ich alle applizierte. Druckerteufel, Barbierjunge, Fleischpacker, Bäcker- und Schneiderlehrling, Stiefelputzer, Hausarbeit, gebildeter Knabe in einem Zeitungsstore, Barkeeper, Milchwagengehilfe.

Des Nachts schlief ich, oder versuchte zu schlafen, auf Häusertreppen, in Bäcker- oder Metzgerwagen; einmal bei einem mitleidigen Bäcker hinter dem Backtrog. Überhaupt gab es doch immer noch mitleidige Menschen, die mir den Glauben an die Menschheit aufrecht erhielten, die, ohne daß ich bettelte, durch mein verhungertes Aussehen sich bewogen fanden, zu fragen und zu helfen. Ich habe mir damals eine Praxis angewöhnt, die ich eigentlich hätte patentieren lassen sollen und die ich allen denjenigen, welche sich in ähnlicher Lage befinden und keine Helden im Fechten sind, aufs Beste empfehlen kann. Ich suchte mir nämlich die Vertrauen erweckenden kleineren Wirtschaften aus, in denen das Eiswasser noch unbekannter Luxus ist. Mit bescheidener Miene bat ich den Wirt – wars eine Wirtin, so wars mir noch lieber – um ein Glas Wasser. Ja, das Wasser, hieß es dann, ist zu warm, trinken Sie doch lieber ein Glas Bier. Ja, das tat ich auch lieber, aber ich habe kein Geld. Nun, auf ein Glas Bier mehr oder weniger kommts auch nicht an. Dann folgte gewöhnlich das Ausfragen, das *quis quid ubi*, und in neun Fällen aus zehn ergab sich auch ein kräftiger Lunch und eine Zigarre oder zum mindesten Tabak für die Pfeife. Ich befürchte, daß ich eines Tages so oft um Wasser anfragte, daß mir des Abends der Mond das bekannte schiefe Gesicht machte.

Einmal nahm sich ein junger, jüdischer Kaufmann namens Cohn die Mühe, mit mir einen ganzen Tag in allen möglichen Handelshäusern herumzulaufen, ohne, vielleicht weil er selbst noch ein Grüner war, irgend einen Erfolg zu erzielen. Zwei Besucher aber werden mir unvergeßlich bleiben, der eine bei Herrn General *Franz Sigel*, den ich mir zu einem badischen Nationalheros aufgebauscht hatte. Wie fand ich mich enttäuscht, als ich das unbedeutend aussehende Männlein vor mir erblickte! Der machte mich mit kummervoller Freundlichkeit darauf aufmerksam, daß für ihn die Tage des Glanzes vorüber seien, und er augenblicklich als Agent einer Feuerversicherung über gar keinen Einfluß zu verfügen hätte; gab mir jedoch schließlich den richtigen, aber sehr wohlfeilen Rat, ich solle nur den Kopf oben behalten, es werde schon wieder besser kommen. Der andre Besuch war bei einem Pfaffen namens Fleischhauer; der wohnte in einem prächtigen Haus und eine hübsche Magd führte mich in ein behagliches Studierzimmer. Der Herr Pastor begann vor allen Dingen ein Examen rigorosum betreffs meines Seelenzustandes mit mir vorzunehmen. Nun war ich damals nicht freisinnig in unsrem Sinne, ich hatte mir noch keine ordentliche Weltanschauung gebildet, aber das Gefasel von der Wiedergeburt und dem Ablegen des alten Adam war mir doch zu stark, und ohne die Fortsetzung abzuwarten, empfahl ich mich höflichst.

Schlimmer erging es mir manchmal in den Nächten; als ich eines schönen Morgens durch den Knüppel eines Polizisten aus süßen Heimatsträumen, denen ich mich in einem Bäckerwagen hingegeben hatte, geweckt wurde, fand sich, daß mir der Hut gestohlen worden war. Also darum hatte ich diesen Filz aus den Fluten der Seine, in die ihn einst der Wind getragen, errettet, darum hatte ich ihn über den Ozean gebracht, damit er jetzt das Haupt eines amerikanischen *Loafers* zieren sollte! Ein andermal schlug mir ein Kerl, als ich auf meinen nächtlichen Wanderungen um die Ecke bog, mit geballter Faust ins Gesicht. Er hatte noch eine Anzahl Genossen bei sich, aber selbst, wenn er allein gewesen wäre, hätte ich doch schwerlich den Mut der Rache gehabt. Das Unglück macht so feig!

O! ich kenne das Elend des ohnmächtigen Zorns im Gefühle eines erlittenen Unrechtes, und ich verstehe die Leiden der Unterdrückten. Nur einmal wurde ich wild und energisch. Es galt die Verteidigung meines teuern Taschenbuchs, in das ich gerade beim ersten

Morgenlicht die Erlebnisse des vergangenen Tages eintrug, als mir ein betrunkener Irländer dasselbe aus der Hand riß. Ich warf ihn zu Boden und hatte mich eben meines Eigentums versichert, als der Knüppel eines Dieners der Gerechtigkeit auf mich niedersauste und ich sicherlich Bekanntschaft mit einer Polizeistation gemacht hätte, wenn nicht ein Mann über der Straße die Sache mit angesehen und meine Freilassung bewirkt hätte.

Zwischenhinein erhielt ich wieder einmal Arbeit in einem Restaurant an der Water Straße und zwar in der alten Eigenschaft als Küchenjunge, in der ich mich natürlich als vollendeten Experten darstellte. Man hatte mich vorher darauf aufmerksam gemacht, daß ich die Brille ablegen müsse, und so passierte mir eine Ungeschicklichkeit nach der andern, und als ich am Samstag Abend die Treppe herunter kam und dabei, da ich auszugehn beabsichtigte, meine Gläser vorgeschnallt hatte, stieß ich unglücklicherweise auf den Boss, der auch sofort den Vorwand der Brille benützte, um mich zu entlassen. Was ich übrigens in diesem Lokal unter dem Witz und der kindlichen Bosheit des durchwegs aus Irländern bestehenden Küchenpersonals auszustehen hatte, das hätte mir den Geschmack an der Niobe der Nationen für alle Zeiten verderben können.

Abermals sah ich mich, diesmal aber mit fünf Dollars, auf eigene Füße gestellt. Es dauerte nicht lange, so war ich wieder im alten Elend. Trotz alledem und alledem verlor ich den Mut nicht, ja wenn ich bei meinen weiten Spaziergängen – Zeit dazu hatte ich vollauf – in den Schönheiten des Centralparkes schwelgen konnte, oder in der Umgegend von New York bei Morrisania und Motthaven wenigstens wieder einmal frische Luft einatmen konnte, so waren auch die Musen, die mir stets ein kleines Teilchen ihrer Gunst gewährt, gleich wieder da, wenn auch die Erzeugnisse, wie meine Leser aus den beiden Proben ersehen werden, ziemlich elegischer und problematischer Natur waren:

In Amerika

Wie habe ich satt die nüchterne,
Die kahle Transatlantik!
Wie sehn ich mich nach duftiger
German'scher Waldromantik.

Einst sang ich frohes Frühlingslied
Von Berg und Burg hernieder,
Doch seit das Meer dazwischen liegt
Verstummen meine Lieder.

Es dreht sich dampfgetriebne Welt
Gleichgiltig um uns Arme.
Und zur Maschine wird zuletzt
Das eigne Herz, daß Gott erbarme!

An die Freunde

Ich grüß Euch Freunde allzumal
Am Bodensee, im Neckartal,
In allen Heimatsgründen –
Der Westwind kommt so frisch daher,
Er trägt die Grüße übers Meer,
Weiß nicht, ob sie Euch finden.

Euch ist die Jubelzeit genaht,
Ihr Glücklichen, Euch reift die Tat,
Fürs Vaterland zu sterben.
Indes ich hier im fremden Land
Verkannt, vergessen und verbannt
Im Elend muß verderben.

Ich wünsch Euch frohen Kampfesmut,
Ich wünsch Euch zornig glühend Blut
Für die gerechte Sache.
Der Korse säte Drachenbrut,
Sie steht nun auf in voller Wut –
Nicht Gott – Euch ist die Rache.

Und sitzt Ihr einst beim Siegesmahl,
Weiht mir auch einmal den Pokal,
Ihr wißt es, daß ich wollte –
Und klagt die böse *Moira* an,
Die hat es mir zu Leid getan,
Daß es nicht werden sollte.

Ja, auch in meiner Seele hatte sich germanischer Patriotismus zu regen begonnen; wie eine alte Heldensage tönten mir die Nachrichten von drüben ins Herz. Jener lächerliche Taumel, der in einem Eroberungskrieg auf hohen obrigkeitlichen Befehl eine heilige Sache sieht, hatte auch mich ergriffen; als ich eines Tages in der »Staatszeitung« las, daß Freiwillige frei nach Deutschland hinüber befördert würden, da stand auch ich mit tausend Andern – der Broadway war mit Freiwilligen seiner ganzen Breite durch angefüllt – vor der Pforte des Konsulates, um, als ich endlich an die Reihe kam, das grausame Wort zu vernehmen, daß die deutsche Regierung nur Reservisten wolle, aber auf unsre ungedrillte Begeisterung verzichte. Wie hab ich gewütet, wie hab ich geweint, daß ich nicht die Ehre haben konnte, Kanonenfutter der Preußen zu sein! Ach, wie oft im Leben müssen wir erkennen, daß die Lust und die Freude vergangner Jahre Torheit, daß der Enthusiasmus Dummheit war, und wie unzurechnungsfähig ist doch der Mensch, in dem sich die Selbstbefreiung noch nicht vollzogen!

Nun, jene Schmerzen, und sie schienen mir wahrlich schlimmer als der Hunger, mußten getragen werden. Ich hatte unterdessen die Bekanntschaft mehrerer Schicksalsgefährten gemacht, worunter ich mich namentlich an zwei, einen bankerotten Kaufmann und einen früheren preußischen Fähnrich mit den stolzen Namen Hans Freiherr von Strachwitz, anschloß. Ein Feldzug in die Umgegend von New Rochelles, wo wir uns von Brombeeren ernährten, war resultatlos; es sei denn, daß er zur Landeskenntnis und zur Vervollkommnung in der Sprache, die mir, trotzdem ich in Deutschland schon Englisch gelernt, bedeutende Schwierigkeiten bereitete, beitragen mochte. Schon waren wir in verschiedenen Agenturen, wo man Feldarbeiter suchte, und wo unsre Hände und Muskeln betastet und geprüft wurden wie auf einem Sklavenmarkt, abgewiesen worden. Schon fühlten wir uns glücklich, wenn wir bisweilen mit weniger skrupulösen, bettelnden Kameraden die Küchenabfälle irgend eines Hotels teilen konnten; schon waren die Begriffe Bett, Tisch, Stuhl, Dach, für uns zu böhmischen Dörfern geworden, da gelang es uns endlich, unter die einhundertfünfzig Glücklichen aufgenommen zu werden, die in den Staat New York als Pioniere der Kultur, resp. als Eisenbahnarbeiter verschickt zu werden bestimmt waren. Nun herrschte Freude in Israel, wir jubelten, als ob wir eine Erbschaft gemacht hätten, erhielten wir doch sofort nach unserer Installierung jeder eine unendlich große Wurst aus Pferdefleisch, zwei Laibe Brot und eine Ration Tabak. Ein Blick des Triumphes war es, mit dem ich auf New York zurückblickte, ein Seufzer der Erlösung war es, den ich ausstieß, als uns der Dampfer den Hudson hinauftrug und die Stadt meiner Leiden im Nebel verschwand, und zum ersten Mal wieder stimmten unsre Kehlen in fröhlichen Liedern zusammen.

New York lag also hinter uns, und an meiner gewaltigen Wurst kauend, blickte ich ohne Abschiedsschmerz und doch mit einer gewissen Genugtuung auf meine erste nun überstandene Periode amerikanischen Lebens zurück. Zunächst ging es nun an eine Musterung meiner Reisegefährten, d. h. der mit für den Eisenbahnbau Angeworbenen. Das war nun freilich die zerlumpteste Gesellschaft, die ich je gesehen habe, aber es waren doch immerhin noch Menschen, die arbeiten wollten. Der Abschaum der Einwanderung bleibt gewöhnlich in New York zurück; und wenn es mir nicht gelungen wäre, diesem Babylon moderner Lebensbarbarei zu entrinnen, so wäre ich vielleicht auch nach und nach auf jene tiefste Stufe gesunken; denn auf die Dauer vermag sich keiner den Einflüssen seiner nächsten Umgebung zu entziehen.

Es waren durchweg Irländer auf dem Schiffe, nur fünf Deutsche, und diese fünf taten sich selbstverständlich zusammen. Der eine war ein Badenser, schon ziemlich bejahrt, der früher ein einträgliches Geschäft betrieben hatte, aber mehr durch Gutmütigkeit – denn das war seine vorwiegende Eigenschaft – als durch irgend etwas Anderes, Geschäft und Reputation verlor. In den kleinen Städten Deutschlands galt damals noch der Bankerott für eine unauslöschliche Schande. Seit dem glorreichen Kriege von 70 und 71 hat sich das freilich geändert. Der andre, ein junger Kaufmann aus Reutlingen, bewies durch seine ungemeine Dickschädeligkeit, daß es wirklich Schwaben gibt, die nicht nur nicht vor dem 40. Jahr, sondern wohl überhaupt nie gescheit werden; der dritte, ein Sachse und Bäcker von Profession, war der echte Lumpaci-Vagabundus. Er war ohne Rock von Buffalo nach New York gekommen und zog jetzt auch ohne Rock wohlgemut dem neuen Bestimmungsort entgegen; der letzte endlich war mein lieber Graf Hans von Strachwitz, der Sprößling einer schlesischen Majorats-Familie, der, wie er behauptete, wegen einer persönlichen Beleidigung des Prinzen Karl von Preußen seine Stellung als Fähnrich im Königin Elisabeth-Regiment hatte quittieren müssen. Ich denke mir aber, es werden wohl andre Dinge gewesen sein, die ihn zwangen, das Parquet Berlins mit dem Pflaster New Yorks zu vertauschen. Der fünfte endlich war der hinlänglich bekannte Pechvogel und *Arme Teufel*.

Nur eins habe ich getreulich durch mein ganzes bisheriges Leben hindurch mit religiöser Innigkeit verehrt, das Schöne, oder doch wenigstens das, was mir schön vorkam; ich glaube, wenn ich auf das Schafott geführt würde, ich könnte es nicht unterlassen, ein hübsches Mädchenangesicht mit Bewunderung zu betrachten, und so hat mir auch die allertraurigste Lebenslage niemals den Genuß der Naturschönheiten beeinträchtigt. Wie überraschte, wie begeisterte mich der schönste aller amerikanischen Ströme, der Hudson, wie vergaß ich Hunger und Elend, wie glücklich wurde ich auf einmal!

Ich hatte gewiß schon herrliche Züge in dem lieben Antlitz der Mutter Erde gesehen, ich hatte des Schwarzwalds tannengekrönte Höhen durch bächedurchrauschte Täler erstiegen, von den efeuumrankten Burgen des Neckars und des Rheins in die Welt hinausgejubelt, ich sah des Montblanc Riesenhaupt im Abendschein erröten und grüßte mit dem Becher in der Hand von Montreux' Terrasse den Genfersee; aber niemals, vielleicht gerade des Kontrastes halber, hat mich die Schönheit der Welt tiefer ergriffen und mit süßerm Glücke erfüllt als dort auf dem Hudson, während meine Reisegenossen ihre Gassenhauer johlten und die harten Schiffsplanken das einzige Nachtlager bildeten.

Die Prosa trat bald wieder in ihre Rechte. In Rondout wurden wir ausgeschifft und gefüttert und dann zuerst mit der Eisenbahn und schließlich auf einer Art Leiterwagen, die das alte Wort: besser schlecht gefahren als gut gegangen, aufs deutlichste veranschaulichten, in das Innere des Staates New York befördert. Immer unwegsamer wurden die Wege, immer höher und waldbedeckter erhoben sich die Berge, geraume Zeit schon hatten wir das letzte von Menschen bewohnte Nest, Shandaken, hinter uns, als wir endlich in der denkbar romantischsten Wildnis Halt machten und unter die drei bis vier sogenannten Boardinghäuser, welche die einzigen Anzeichen menschlicher Kultur bildeten, verteilt wurden. Aber welch ein Boardinghaus war das, dem man uns überantwortete, ein schmutziger, von einem Irländer gehaltener Bretterverschlag, ein Strohsack das Lager, von Bettladen keine Spur, dagegen Milliarden von Wanzen, die hier in der idyllischen Waldeinsamkeit noch grausamer ihre Opfer überfielen, als in New York, wo sie immerhin größere Auswahl hatten. Das Essen durchgängig gebratener Speck und Kartoffeln. Und doch wie lukullisch dünkte uns dieses Mahl. Dieser Appetit! Wie ein roter Faden zieht er sich durch die Erinnerungen meiner grünen Zeit. Dieser gesegnete Appetit! dieser niemals ganz gestillte! Selbst die irischen Tischgenossen, die doch gewiß in dieser Beziehung auch etwas leisteten, blickten mit Bewunderung auf uns, während die Hausfrau ihre deutschen Gäste nur mit einem Seufzer betrachten konnte. Am ersten Tage regnete es; ich habe seitdem oft, wenn ich über ein verregnetes Piknik fluchte, an die Freude zurückgedacht, die uns jener Regen bereitete; konnten wir doch noch einen Tag müßig liegen. Am nächsten Morgen gings aber los, die Zivilisationsarmee erhielt ihre Waffen, mir wurde eine gewaltige Spitzhacke oder Pickaxe zugeteilt, und ich begann in den Eingeweiden der Erde zu wühlen mit einem Eifer, als ob es die Gräber vorsintflutlicher Menschen zu öffnen gälte. Wie wenig denken wir daran, wenn wir, vom Dampfroß gezogen, flott und bequem durch die Welt fahren, wie viel tausend Hände da vorher in sklavischer Arbeit sich regen mußten, um dem neuen Heiland den Einzug zu bereiten.

Ich habe dort Respekt vor der Arbeit bekommen. Anfänglich gings ganz gut, aber je höher die Sonne stieg, desto müder und unwilliger hoben sich die Arme, und als es endlich Abend wurde, da waren meine Hände mit Blasen bedeckt, und ich war so müde, daß ich nicht schlafen konnte. Das ging denn drei Tage so fort. Die Sonne brannte kannibalisch auf unsre Schädel, immer schwerer wurden Hacke und Schaufel, immer steiniger wurde der Grund, und wenn man sich einmal einen Augenblick Ruhe gönnen wollte, so ertönte gleich des Sklaventreibers Stimme.

Vier Tage hielt ichs aus, am fünften fluchte ich dem Wort: Arbeit ist des Bürgers Zierde; ich hielt mich an die Stelle: der Mensch ist frei geboren, und beschloß zu striken. Meine körperlichen Kräfte reichten nicht hin zum Eisenbahnbau, darüber war ich mir klar, anstatt also zur Arbeit zu gehn, suchte ich mir einen Waldwinkel, nahm ein Bad im Bache und legte mich nieder zu wollüstiger, noch nie so genossener Ruhe. Merkwürdigerweise hatten meine deutschen Compagnons an demselben Tage, jeder für sich, dieselbe Idee gehabt, und da es bekanntlich unter Deutschen keine Geheimnisse gibt, so beschlossen wir alsbald in Gesellschaft dem Schicksal zu trotzen. Unser Motto war: Lieber verhungern als so arbeiten; vorläufig aber sorgten wir dafür, daß ersteres nicht stattfinden konnte, denn nach wie vor und mit ungeschwächtem Appetite nahmen wir bei unsrer nichtsahnenden Boardingfrau unsre Mahlzeiten ein, bis der Schwindel entdeckt wurde und wir dann natürlich sofort den Laufpaß erhielten.

So wurde das Bündel geschnürt, und nach kurzer Beratung entschlossen wir uns, die Richtung nach Oswego einzuschlagen, indem wir die kühne Hoffnung dabei hegten, unterwegs, gleich den Eremiten, von Wurzeln und Kräutern uns nähren zu können. Aber die göttliche Vorsehung, die überhaupt immer herrlich für uns sorgte, machte uns einen Strich durch die Rechnung. Kaum waren wir einige Meilen weit marschiert, so erreichten wir große Gebäulichkeiten, und ein zufällig vor der Tür stehender Pennsylvanier Deutscher fragte uns, ob wir work haben wollten. Wir waren sofort bereit und fanden uns in der allerkürzesten Zeit als Gerber installiert mit zwanzig Dollars monatlichem Gehalt nebst freier Kost und freiem Logis.

Nun fühlte ich mich wieder als Mensch, denn das Gerberhandwerk war mir stets als ein edles erschienen, waren doch mein Großvater, mein Großonkel und Onkel von mütterlicher Seite alle Gerber gewesen, und doch Stadträte und Männer von der Spritze! Außerdem war die Arbeit, die mir und dem Grafen zuerteilt wurde, eine zu erzwingende, sie bestand in dem Abwaschen der aus den Gruben kommenden Häute. Das geschah mit einer Art von Bürste an langem Stiele. Wir mußten dabei freilich beständig im Wasser stehen, aber unsre Gesundheit war gut, und wir sangen bei unsrem Fegegeschäft die fröhlichsten Lieder.

Die Kost war besser, wenn nur nicht auch hier wieder die schrecklichen Wanzen in solcher Anzahl gewesen wären, daß wir es vorzogen, die meisten Nächte in der Gerberei auf Fellen oder gar in trockenen Lohgruben zu schlafen. An allerlei Ungemach fehlte es mir nicht; so brachte ich es zum Beispiel nie weit in der Leitung eines Schiebkarrens, sondern fiel regelmäßig, wenn ich denselben auf schmalem Pfad zwischen den Gruben hinzuführen hatte, mit Fellen, mit Karren und allem ins Wasser; auch wurde ich bisweilen dazu beordert, die trockene Lohe aus der Grube heraufzuschaufeln und das war eine Arbeit, die dem Eisenbahnbau nicht nachstand.

Da uns der Lohstaub beständig in den Haaren hängen blieb, kamen wir auf den Gedanken, uns gegenseitig zu scheren; ein vernünftiger Gedanke, den wir aber aufs unvernünftigste ausführten, indem wir uns so rattenkahl die Haare wegschnitten, daß wir noch lange nachher wie entlaufene Zuchthäusler aussahen und für das gesamte irische Pack die Zielscheibe des Witzes bildeten.

Trotz alledem bin ich wohl selten glücklicher gewesen als in jener Zeit; zumal da auch das Herz nicht ganz von Erinnerungen zu zehren hatte, sondern seine kleine Romanze an Ort und Stelle erlebte. Der Besitzer der Gerberei nämlich, Herr Thomas Wey, ein unermeßlich reicher Mann, dem ringsum die prächtigen Waldungen gehörten, besaß außer seinem Mammon auch ein holdseliges Töchterlein. Noch steht dein Bild vor meiner Seele, Caroly, oder wie wir dich zu nennen pflegten: Carola, fünfzehnjährige, in der Waldeinsamkeit der Catskills aufgeblühte Menschenblüte! Warst du uns doch wie ein Traumbild aus schöner Vergangenheit, wie eine Bürgschaft eines künftigen menschenwürdigen Daseins. Unser Verkehr beschränkte sich zwar auf ein äußerstes Minimum, aber sie besuchte uns doch alltäglich in der Gerberei und brachte uns Blumen oder Äpfel oder gar Orangen; und ihr Lächeln war unser Sonnenschein, und als ihre süßen Augen einmal von Tränen des Mitleids verdunkelt waren, da hätten wir gerne für sie unser Herzblut fließen lassen. Leider aber gibt einem kein Mensch etwas für Blut, ob es gleich ein gar edler Saft ist, und die schmierigsten *Greenbacks* laufen dem rötesten Blut immer den Rang ab.

Des Abends pflegten wir dann, wenn die prächtige Sommernacht über die Wälder sich lagerte, vor dem Hause der Angebeteten unsre heimatlichen Lieder zu singen, unsre Stimmen paßten gar nicht übel zusammen, und öfters hatte der Boss die Gnade, uns in seinen Familienparlor einzuladen und uns mit Cider zu traktieren; dann spielte der Graf Klavier, wir sangen und Carola errötete tiefer unter unsren sehnsüchtigen Blicken.

Ja, auch in Amerika gibt es Idyllen, und auch in Shandaken County kann man einen Commers feiern.

Das war eine denkwürdige Affaire. Am 28. August feierte Graf Strachwitz seinen 21. Geburtstag und wäre somit, falls er nicht von seiner Familie verstoßen gewesen wäre, zum Antritt seiner Majoratsherrschaft berechtigt gewesen. Ein solches Ereignis mußte unter allen Umständen gefeiert werden. Der Majoratsherr ließ sich also einen Teil seines Lohns bezahlen, und wir wanderten neun Meilen durch die Nacht nach einer kleinen, höchst verdächtig aussehenden Kneipe; wo wir in den allerabscheulichsten Fusel *Salamander rieben* und dem erstaunten Hinterwäldler die Geheimnisse des Fuchsrittes und des Landesvaters enthüllten.

Einen und einen halben Monat verbrachten wir in der Gerberei, und wir wären gern länger geblieben, aber Herr Wey fand es für notwendig, seine Force zu verringern, und so mußten wir natürlich zuerst fallen. Ich habe von hier aus einmal an den Herrn geschrieben und von ihm eine überaus liebenswürdige Antwort erhalten. Der Graf blieb zurück, er hatte sich erboten, für Kost und Logis zu arbeiten, gutherzig wie er war, schenkte er noch einen seiner zwei Röcke dem Bäcker. Wahrscheinlich hegte er gewisse Hoffnungen. Wie ich aber später erfuhr, wurde er ein paar Tage darauf ebenfalls entlassen, weil er mit dem Dienstmädchen ein zartes Verhältnis anzuknüpfen versucht hatte. Von New York aus schrieb er einmal nach Washington, daß er sich zu den Soldaten habe anwerben lassen, dann, daß er hätte desertieren wollen und dabei gefangen worden sei, und seitdem blieb er verschollen. Wahrscheinlich ist er, wie so viele andere, untergegangen, verdorben, gestorben.

Der Abschied von jenem Waldwinkel der Catskills wurde mir sehr schwer. Das Gräflein stand mir gemütlich am nächsten, trotzdem er mich einmal wegen politischer Differenzen auf Pistolen fordern ließ, wobei der Bäcker als Cartel-Träger fungierte. Da aber keine Pistolen vorhanden waren, so wurde die Sache auf unbestimmte Zeit verschoben und wird wohl jetzt erst in der Ewigkeit zum Austrag kommen können. Nie sah ich wieder in Amerika so frisch sprudelnde Wasser, nie schmeckte mir so das Pfeifchen nach getaner Arbeit auf einem weltverlorenen Waldberg-Gipfel, und nie süßeres Leid erfüllte mein Herz, als ich bei ihrem letzten Besuche in der Gerberei Carolys große Kinderaugen von Tränen verdunkelt sah. Wer weiß, an welchen Millionär man sie verhandelt hat, ich hab auch vergebens um ihr Bildnis geschrieben – Herr Wey schrieb mir mit dürren Worten, seine Tochter befinde sich wohl und er hoffe von mir dasselbe – aber mein bleibt sie doch, so wie sie war, wie ihr unschuldsreines Bild vom dunkeln Efeu der Veranda sich abhob, als wir zögernd die Waldecke umschritten, die sie unsern Blicken entzog.

Etwas von der richtigen Vagabundennatur mußte schon in uns allen stecken, denn nachdem wir zu Fuß Rondout erreichten und wiederum die herrliche Fahrt den Hudson hinab im Mondschein gemacht hatten, fiel es uns vorläufig nicht ein, in New York ernstlich um Arbeit uns umzutun, wir hatten ja Geld und wollten nun vor allen Dingen wieder einmal probieren, wie leicht sichs leben läßt.

Dazu kam noch der vaterländische Siegestaumel. In Shandaken County hatte unser pennsylvanischer Halblandsmann dafür gesorgt, uns beständig nur die Unglücksnachrichten aus der New Yorker »Sun« mitzuteilen, eine Zeitung selbst bekamen wir nie in die Hand, und so mußten wir es auf Treu und Glauben annehmen, wenn er uns erzählte, die Deutschen seien wieder in einer großen Schlacht geschlagen worden, 10 000 gefallen, 20 000 gefangen, u. s. w. Immer kleinlauter waren wir geworden, zumal da auch auf unsrem Marsche nach Rondout die biederen Landleute nicht ermangelten, uns zu versichern, daß sie stets prophezeit hätten, der Dutchman werde Prügel bekommen. Aber aus tiefster Demütigung trug es uns zum Gipfel freudigen Stolzes, als wir in New York ankamen und in jenen nie dagewesenen Freudenstrudel hineingerissen wurden, den die Nachricht von dem Siege bei Sedan unter den Deutschamerikanern hervorgerufen hatte.

Du lieber Himmel! wir waren ja noch keine Republikaner, unsre Erfahrungen in Amerika waren nicht dazu geeignet, die internationale Gesinnung in uns zu befördern, man hatte uns verlacht, beschimpft, mit Füßen getreten oder im günstigsten Falle mit Anstand weitergeschickt; und nun sahen wir plötzlich die ganze Welt vor dem in Berserkerwut geratenen Michel respektvoll sich ducken. Männer wie Heinzen, die unbestochen durch das Siegesgeschrei ihren Ruf nach Humanität erhoben oder wie Dr. Lilienthal in New York die rote Fahne inmitten der schwarz-weiß-roten Wimpel aufsteckten, waren mir damals unbegreiflich. Ich jubelte mit, ich sang mit im Atlanticgarten: »Heil unserm Kaiser, Heil«, und ich half mit, einen unglücklichen Franzosen, der sich zu mucksen gewagt hatte, über die Köpfe hinweg zur Türe hinaus befördern. Und ich schäme mich dessen nicht, waren es doch meine geistigen Flegeljahre, die ich damals durchmachte. Aber schämen hätten sich sollen jene 48er, die den Kugeln des *Kartätschenprinzen* entrannen, nur um sie jetzt, da sie in französische Bataillone eingeschlagen waren, zu verherrlichen, schämen sollten sich die Journalisten, die wie der damalige Schreiber des »Belletristischen Journals« noch 1864 Artikel über Preußentum und Tyrannei schrieben, die im »Pionier« hätten Aufnahme finden können, und die später in das Hundegeheul der Entrüstung über das frevelhafte *Attentat auf den Gottgesalbten* mit einstimmten. Die normale Entwickelung schreitet aus der Sklaverei zu immer vollkommenerer Freiheit, wer aber in der Freiheit wieder aus freien Stücken zum Sklaven und Schweifwedler werden kann, der ist ein Schwachkopf oder ein Schuft.

Da wir uns von New York nach unsren früheren Erfahrungen nicht viel versprechen konnten, so fuhren wir nach Philadelphia, um in der *Stadt der Bruderliebe* einmal unser Heil zu versuchen. Der Erfolg war derselbe, alles war überfüllt, nur der Bäcker hätte Arbeit bekommen können, aber dem war es am allerwenigsten darum zu tun. So blieb uns, nachdem unser Geld verzehrt war, nichts anders übrig, als abermals auf dem Lande unser Heil zu versuchen, d. h. wir reihten uns ein in die große Armee der so viel und so oft unschuldig geschmähten Tramps.

Einen Zug jenes köstlichen Leichtsinns, wie er leider dem Menschen mit der Jugend verloren geht, kann ich nicht unerwähnt lassen. Der junge Reutlinger Kaufmann war sonst sparsam, ja im Vergleich mit uns knickerig. Als wir eines Abends in einer »Konzert-Halle« Philadelphias bereits die letzten Cents im deutschem Kulturgetränke anlegten, erfreute sich unser Merkursjunge noch eines Vermögens von über zwei Dollars. Da traf Amors Pfeil das Herz des Soliden. Die kurzröckige, flottgeschminkte Sängerin mit den famosen Couplets hatte es ihm angetan. Mit Hilfe des »*Treatens*«, das wie Jovis Goldregen alle Türen öffnet, gelang es ihm auch, eine Introduktion zu der schönen Sängerin zu erhalten. Da er aber durch Ankauf eines Bouquets seine letzten Ressourcen erschöpft hatte und diese Musentochter weniger durch Blumen als durch fortgesetzten spirituösen Aufguß bei Laune erhalten werden mußte, so ließ sich der Unglückliche zu derselben Extravaganz verleiten, in die schon manchen die Liebe gestürzt: Er bestellte drauf los, ohne bezahlen zu können. Naturgemäß mußte die Sache ein Ende mit Schrecken nehmen, und nicht die Arme der Liebe nahmen den Frevler in dieser Nacht auf, sondern das Stationshaus. Da man auch uns einen Verduftungswink zu geben für gut fand, ging uns dieser Zacken unsres vierblättrigen Kleeblatts ein für allemal verloren, und ich weiß nicht, was aus dem jungen Manne geworden ist.

O glückseliges Trampen zur Sommerszeit! Mir wurde wieder zu Mut als ob ich auf einer Ferienreise sei. Freilich die Landstraßen, auf denen wir dahin wanderten, waren staubig und unendlich lang, aber es gab doch hin und wieder schattige Wäldchen und rauschende Bäche, und bei jenem Wirte wundermild, den Uhland besingt, konnten wir täglich zu Gaste sein. Immer begrüßten wir marschierend die Sonne, immer versteckten wir uns vor ihren wärmeren Strahlen an einem kühlen Ort und verschnarchten die heißen Nachmittagsstunden.

Getreulich fragten wir in jedem Farmerhof um Arbeit an, aber die Leute trauten uns entweder nicht die gehörigen Fähigkeiten zu, oder sie zeigten sich bereit, *einen* von uns zu nehmen, aber wir wollten uns nicht trennen, vielleicht schwebte uns das Wort vor: Vereint wir stehen, getrennt wir fallen, und offen gestanden, mir eilte es gar nicht so sehr mit der Flügelbeschneidung, dieses ungebundene, freie Umherschweifen in der Welt gefiel mir ganz außerordentlich.

Hie und da erhielten wir kleine Jobs, die uns ermöglichten, Tabak zu kaufen; nicht selten wurden wir gastfreundlich bewirtet, unsre Hemden wuschen wir in irgend einem Bache und warteten gemütlich den Trocknungsprozeß ab, und wenn es je einmal am Nötigsten fehlte, so brachte der Bäcker, der eine erstaunliche Gewandtheit im Fechten besaß, in unglaublich kurzer Zeit ganze Schiffsladungen voll Nahrungsstoff zusammen. Es war so recht der Ausdruck meiner Stimmung, wenn ich damals in mein Notizbuch schrieb:

> Ich lobe mir das Leben,
> Juhei! als Vagabund,
> Mich drücken keine Sorgen,
> Frei bin ich alle Stund.
>
> Bei Tage zieh ich munter
> Des Wegs mit Sang und Klang
> Und geht die Sonne unter
> So wird mir auch nicht bang.
>
> Die Erde ist mein Lager,
> Der Himmel ist mein Dach,
> Und mit den Vögeln werd ich
> Des Morgens wieder wach.
>
> Und bin ich auch ein Bettler
> In dürftigem Gewand,
> Doch grüßt mich manches Mädchen
> Mit Aug und Mund und Hand.
>
> Viel Dank, viel Dank, mein Liebchen,
> Jetzt bin ich auf dem Hund;
> Doch einst besucht dich wieder
> Als Prinz dein Vagabund.

Aber freilich, wenn ich zuweilen einen Blick tun konnte in das traute Heim einer sogenannten Gentlemansfarm, wenn ich in den hübschen kleinen Städtchen, die wir passierten, die Mädchen am Brunnen zusammen flüstern und scherzen sah, gerade wie in den Städtchen meiner Heimat, wenn mich ein Auge mitleidig musterte, dann wurde mirs unbehaglich zu Mut, und die Originalspäße des Bäckers ekelten mich an, und ich verabscheute die schöne Welt und mich. Tief ergriff es mich, als ich einst aus den offenen Fenstern eines Hauses die Klänge des »Carneval von Venedig« herausströmen hörte. Welche Erinnerungen stiegen da in mir auf. Und ein andermal wurde ich mit Entsetzen inne, welch eine weite Kluft bereits mich, den Tramp, von der ordentlichen, bürgerlichen Gesellschaft trennte. Es war Sonntag, wir waren vor einem umzäunten, reizend grünen Platz angelangt, auf dem sich augenscheinlich eine Anzahl Familien ein Rendez-vous gegeben hatte; das jüngere Volk ergötzte sich mit Croquet, wobei die Amerikanerinnen soviel Grazie zu entwickeln wissen, oder mit dem ewig jungen Pfänderspiel, die älteren Teilnehmer saßen an reich besetzten, aus Servietten gebildeten Tischen oder lagen ins Gras gestreckt. Es war ein hübscher Anblick, und wir schauten von unsrer staubigen Landstraße sehnsüchtig durchs Gitter wie in ein verbotenes Paradies. Da beschlossen wir die Aufmerksamkeit oder womöglich die Anerkennung dieser glücklichen Menschen zu erobern; wir lagerten uns am Rande der Chaussee und begannen unsre Lieder zu singen. Bald hatten wir die ganze Gesellschaft zu uns herübergezogen, man richtete einige teilnehmende Fragen an uns, aber wonach ich mich fieberhaft sehnte, das kam nicht, es fiel keinem ein, uns einzuladen, an ihren Freuden teilzunehmen. Natürlich, was hatten diese glücklichen Sterblichen mit uns zerlumpten Zigeunern gemein. Sie boten uns von ihren Eßvorräten, meine Kameraden fielen gierig darüber her, ich rührte keinen Bissen an, aber mit dem Singen wars auch vorbei.

An solchen kleinen Zügen, traurigen und komischen, waren jene Tage unendlich reich, sie bilden eine Epoche in jener Zeit, die sich nicht auserzählen läßt! Köstliche Nächte auf duftigen Heuböden, wo wir uns so tief einzuwühlen pflegten, daß der Bauernknecht des Morgens wohl ahnungslos über unsre Köpfe hinwegstieg, herrliche Biwaks, wenn wir an loderndem Feuer Äpfel und Korn brieten und aßen, bis wir krank wurden, namenlose Angst, als uns einst der gemeinsame Tabaksbeutel verloren gegangen war, und frohe Erlösung, als wir ihn nach einem Retourmarsche von drei Meilen wieder in unsre Arme drücken konnten.

Lancaster, das uns nach den langen, einsamen Touren wie eine große Stadt vorkam, brachte uns wieder mit der Zivilisation in Berührung, unser germanisch angestammter Durst nach des Gambrinus edlem Getränke begann sich wieder zu regen, und wir opferten ihm die beiden Rasiermesser, die in unsrem Besitze waren; denn daß man diese in Amerika auch als Waffen gebraucht, davon wußten wir noch nichts.

Nun waren wir bis dahin zwar nicht einer strengen Reiseroute gefolgt, sondern hatten das mehr dem Zufall überlassen, ob wir auf geraden oder auf krummen Wegen gingen, aber wir hatten doch ein Ziel, und das hieß Pittsburgh. Man hatte uns gesagt, daß man dort stets eine Menge von Arbeitern nötig habe, aber diesmal schien es vom Schicksal noch nicht beschlossen, daß ich die rauchgeschwängerte Atmosphäre des amerikanischen Birmingham zu Gesicht bekommen sollte. In der Nähe von Lancaster begegneten uns nämlich eine Anzahl von Vergnügungsreisenden in unserem Stile, die uns alle versicherten, daß in Pittsburgh weniger als irgend wo anders zu wollen sei; außerdem erfuhren wir, daß es noch mindestens dreimal so weit dahin war, als wir uns eingebildet hatten und das war insofern ein gewichtiger Umstand, als die Nächte schon sehr bedenklich kühl zu werden begannen und in uns immer deutlicher die schlimme Überzeugung sich gestaltete, daß es nicht immer so bleiben könne. Wir versuchten unser Bestes, in Lancaster einen Unterschlupf zu finden, wir boten uns sogar in einem Putzmacherinnengeschäft an, wir hatten nämlich geglaubt, unter den milliners, die verlangt wurden, seien Müller zu verstehen; der Kontrast muß ein famoser gewesen sein und ich verzeihe es den blumenmachenden Grisetten herzlich gerne, daß sie uns auf das unbarmherzigste verlachten. Endlich wurde eine abermalige Fußtour nach dem näher gelegenen und uns mehrfach gerühmten Baltimore vorgeschlagen.

Was bestimmt ein Menschenleben? Was gibt den Ausschlag zu den allerwichtigsten geschichtlichen Ereignissen? Klugblickende und klugschwatzende Narren suchen immer nach den Gründen einer persönlichen Handlung und eines weltgeschichtlichen Ereignisses, und wenn sie den Entwickelungsprozeß von Ursache und Wirkung um einige Glieder zurückverfolgen können, so blicken sie und schwatzen sie noch klüger und gebärden sich, als ob sie den Urgrund aller Dinge erforscht hätten.

Ich komme jetzt an eine Wendung meiner grünen Schicksale, die sich auf eine eigentümliche Ursache zurückführen läßt, während ich mich wohl hüten werde, die Rückentwickelung auch nur um eine Stufe weiter zu verfolgen, oder gar durch das Spüren nach einem freien Entschluß die absolute Unfreiheit des Willens zu beschönigen, welche sich bei diesem Handeln nach einer gleichgültigen Reminiszenz offenbart.

Wer macht das Schicksal der Menschen? Die Götter, noch häufiger aber die Hexen. Die Hexen kommen bekanntlich immer an einem Kreuzweg zusammen. Und ein Kreuzweg wars, an dem wir ratlos standen, auf unsre Stäbe gelehnt, und auf eine Marschroute uns besannen. Baltimore hatte einer der Ahasvere der Zivilisation gesagt. Baltimore? Da summt mir eine lang vergessene Melodie im Ohr, die ich schon sang und pfiff, als ich noch gar nicht wußte, daß Baltimore eine so große Stadt mit so vielen Kirchen, Demokraten und Hanseaten ist:

> Zu Freiburg lebt und tat viel Buß
> Der Pfarrer Carl Pistorius.

Leider ließ ers nicht bei der Buße bewenden, denn es wohnte daselbst auch ein Mägdelein, und da weiß man ja, wie's geht. Die schauerlich schöne Schlußstrophe lautet:

> Dem Tod durchs Rad entging Pistor
> Er schifft sich ein nach Baltimore
> Und büßte dort im fremdem Land
> Die Schuld als Essigfabrikant.

Es war nicht mein freier Wille, daß ich geboren wurde, noch viel weniger, daß ich in die Schule gehen und lesen und schreiben lernen mußte, nicht mein freier Wille, daß ich eines Tages mit einem wandernden Theologen im schönen Breisgau zusammentraf, der jenes Lied sehr ergötzlich singen konnte, nicht mein Wille, daß dem Dichter auf Pistor gerade Baltimore eingefallen war, und daß ich jetzt im Gedächtnis desselben lustig ausrief: Heureka, wir gehen nach Baltimore und suchen den Pistorius auf; und doch hatte ich es dieser Marsch-Contre-Ordre zu verdanken, daß ich in die theologische Laufbahn geriet, und daß ich heutzutage das Vergnügen habe, den *Armen Teufel* zu schreiben.

Ein komischer Zufall ist es jedenfalls, daß der Baltimorer Pfarrer, durch den ich, wie wir später erfahren werden, zum Altar des Herrn geführt wurde, Pister hieß, also der Pistorius mit der bescheidenen deutschen Endung. Wenn ich später, heiliger Gefühle voll, im Ornat durch die Andächtigen schritt, schnurrte mir oft wie ein närrischer Blitz die Erinnerung an jene Beratung und der allerletzte Vers des famosen Liedes durch den Kopf:

Und die Moral von der Geschicht:
Verachte keinen Pastor nicht,
Denn einer von die Geistlichkeit
Ist wahrlich keine Kleinigkeit!

So wanderten wir denn von jetzt an der aufgehenden Sonne zu, ahnungslos, daß uns eine plötzliche Tiefe des Elendes bevor stand; denn mit der Geistlichkeit, das ging nicht so schnell, im Gegenteil, Baltimore spielte anfänglich in meinen Erlebnissen eine sehr traurige Rolle, oder umgekehrt paßt am Ende der Schuh besser: Ich spielte dort eine sehr traurige Rolle. Soweit aber hatte mich der Humor, das alte lustige Studentenblut immer noch aufrecht erhalten, wenn auch solche Fahrten in der Beschreibung viel hübscher und poetischer sich ausnehmen als wenn man sie selber mitmachen muß, und ich freue mich heut noch der Devise, die ich damals niederschrieb:

Und klafft die Sohl' vom Schuhe weit,
Wenn nur der Fuß nicht wund,
Ist auch zerfetzt das letzte Kleid,
Wenn nur das Herz gesund.

Ein deutsches Sprichwort sagt: Guter Rat ist teuer. Das ist aber nur ein neuer Beweis dafür, daß die vox populi nicht immer vox dei ist, d. h. daß die Volksstimme nicht immer die Wahrheit spricht; denn viel richtiger wäre es zu sagen: guter Rat ist billig. Hat ein armer Teufel seinen Karren festgefahren, so sind gewiß zehn, die ihm raten, was er tun solle: in die Stadt laufen um Vorspann, das Pferd ausspannen usw., bis einmal einer kommt, der statt des Ratens Hand anlegt und die Geschichte weiter schieben hilft. Und so tritt auch die Billigkeit des Ratens nirgends mehr in den Vordergrund als bei dem Publikum, das bei jenem gewaltigen festgefahrenen Karren des Volkswohles, bei der großen sozialen Kalamität gleichsam im Kreise herumsteht und seine unmaßgebliche, nach eigner Meinung aber höchst maßgebliche Meinung abgibt. Jeder hält seinen eigenen Rat natürlich für den besten, und wenn dem Proletariat, wenn der leidenden Menschheit mit den billigen Räten geholfen werden könnte, so hätten wir schon längst das irdische Paradies.

So und so viele Tausende von unbeschäftigten und Mangel leidenden Menschen in einem Lande, das mit allen irdischen Gütern reich gesegnet ist! So und soviel tausende brotloser Arbeiter! das ist ein trauriges Faktum, welches den guten Rat ordentlich herausfordert, und nirgends ist derselbe billiger zu haben als in den Philisterkreisen, die noch nicht persönlich unter der allgemeinen Not zu leiden hatten. Ja, sagt der karikierte Schleiermacher Amerikas, H. W. *Beecher*, ihr Arbeiter müßt genügsam sein, von Wasser und Brot läßt sich ganz famos leben. Ein vortrefflicher Rat, besonders wenn der Arme nicht Geld genug hat, um Brot zu kaufen, oder wenn man bedenkt, daß derselbe auch ein Mensch und sich recht wohl bewußt ist, daß der arme Arbeitende doch wohl zur Hälfte der Genüsse berechtigt ist, die dem reichen Müßiggänger zur Verfügung stehen. Betet und vertraut auf Gott! ermahnt der Diener Gottes, ein herrlicher Rat, wenn nur das Beten satt machen und das Gottvertrauen den Herd erwärmen würde. Machts wie ich, ruft der reichgewordene Mastbürger, ich habe jede Gelegenheit benützt und durch Fleiß und Energie bin ich in die Höhe gekommen, ein köstlicher, freilich etwas allgemein gehaltener Rat, nur vergißt der gute Mann, daß einerseits die günstigen Umstände, die ihm zum Reichwerden verholfen, größtenteils nicht mehr vorhanden, daß andrerseits auf seinen Treffer 1000 Nieten aus dem Rade der Fortuna hervorgegangen sind, oder mit andern Worten, daß sein Glück gleichzeitig das Unglück so und soviel andrer Menschen war. Es gibt noch eine ganze Anzahl solcher guten Räte, aber augenblicklich ist es mir vorzüglich um einen zu tun, der seit *Greeleys*: »Go west, young man« in tausend Variationen wiederholt wurde, aber im Ganzen darauf hinausgeht, den Handarbeiter zur Auswanderung aus den überfüllten Städten und zum Landbau, der natürlichsten Beschäftigung des Menschen, zu ermutigen. Ein allerliebster Rat, vorausgesetzt nämlich, der Arbeiter hat geistige und körperliche Kraft genug, vorausgesetzt, er ist jung genug, eine neue ihm ungewohnte Beschäftigung zu erlernen, vorausgesetzt, er hat einige Tausend Dollars, um sich in einer fruchtbaren Gegend ein gutes Stück Land zu kaufen, die nötigen Werkzeuge sich anzuschaffen u. s. w. Wenn das alles aber nicht vorhanden ist, wenn die Arbeiter arm sind, dann ist jene Aufforderung eben nur ein sehr billiger guter Rat, es heißt nichts mehr und nichts weniger, als dem Fisch raten, auf dem Lande zu leben, oder dem Elefanten, sich durch Seiltanzen zu ernähren.

Trotzdem hat es nicht an Arbeitern und Stadtmenschen aller Art gefehlt, die es einmal auf dem Lande versuchten und noch versuchen. Haben sie Geld, um vorläufig einmal einer Eisenbahnkompagnie zehn bis zwanzig Dollars in den Rachen zu werfen, so gelten sie natürlich als anständige Reisende, haben sie kein Geld und sind sie deshalb gezwungen, *per pedes apostolorum* von dem Platze aus, wo sie sich gerade befinden, das Land zu durchziehen, ja dann sind sie Tramps, Ausgestoßene, verdächtigt und verfemt.

Und siehe da, dieselben klugen Leute, die dem Beschäftigungslosen geraten haben, aufs Land zu gehen, sind jetzt am eifrigsten im Denunzieren und schreien am lautesten nach Verfolgung und Ausrottung der Tramps. Da sieht man, was man von dem billigen guten Rate zu halten hat!

Wenn doch die Gesellschaft bedenken würde, daß sie die Verantwortlichkeit für diese Ahasvere der Zivilisation zu tragen hat, wenn man sich doch fragen würde: Was sind denn eigentlich die Tramps? Sind nicht unter ihnen die mutigsten und energischsten der Arbeitssuchenden? Sollte man sie nicht bewundern, diese fast durchwegs aus Landfremden bestehenden Wandrer, die alle Mühsale einer von Hunger und Entbehrungen aller Art begleiteten Fahrt, ohne Kenntnis der Sprache, durch fremde, wenig bevölkerte Gegenden wagen, nur um Arbeit zu finden, oder ist es bereits so weit gekommen, daß man das Arbeitsuchen zu einem Verbrechen macht?

Was wird nicht alles den Tramps in die Schuhe geschoben? Wie mancher Scheunenbrand, den ein neidischer Nachbar entzündet, wie manches unnennbare Verbrechen, das von einer ehrbaren und geachteten Bestie begangen wurde, hat man die Tramps abbüßen lassen! Daß es freilich unter der Masse der Wandernden eine Anzahl schlechter und arbeitsscheuer Subjekte gibt, wird niemand leugnen, aber daß man für die Vergehen einzelner eine ganze Klasse verantwortlich und vogelfrei machen will, das ist gerade so lächerlich, wie wenn man alle Bankdirektoren unter polizeiliche Aufsicht stellen wollte, weil einige durchbrennen, oder allen Juden die Geschäftslizenz verweigern wollte, weil einige Bankerotteure sind.

Man errät, daß mich zu diesen Expektorationen die eignen Erfahrungen aus meiner grünen Vergangenheit veranlassen. Und zwar sind es zunächst die Erfahrungen einer jener Nächte, da auch ich als ein Tramp das Land durchzog, die mir so recht das Unrecht vor die Seele rückten, mit dem man eine ganze Klasse behandelt. Es war in einer kühlen Septembernacht, wir waren den Tag über stark marschiert, und es war schon in der Geisterstunde (um Geister kümmerten wir uns damals allerdings verzweifelt wenig), als wir an einer Scheune anlangten, die wir aber leider fest verschlossen fanden. Da sich außerhalb derselben etwas Heu fand, so beschlossen wir dort zu kampieren. Kaum hatte sich der mitleidige Schlaf auf unsre müden Augenlider gesenkt, als Fußtritte uns unsanft weckten, und ein Mann vor uns stand, mit einer Doppelflinte bewaffnet und noch obendrein von zwei großen Hunden begleitet, der uns unter den gemeinsten Beschimpfungen befahl, sofort zum Teufel zu gehen. All unser Beteuern, daß wir den Weg dahin nicht wüßten, alles Bitten und Remonstrieren half nichts, wir mußten erfahren, daß der Erdboden nicht allen gehört, und so schleppten wir unsre müden Füße noch etwa eine Meile weiter, gefolgt von dem Manne mit der drohend auf uns gerichteten Büchse und den knurrenden Hunden. Nie werde ich diese traurige Prozession vergessen, und ich habe in jenen Augenblicken Verschiedenes begreifen gelernt – z. B. den Bauernkrieg und die französische Revolution.

Ich will es nicht verschweigen, daß eine derartige Behandlung, die sich leider öfters wiederholte, auf uns einen durchaus demoralisierenden Eindruck machte, und daß wir uns einmal zu einem ganz gemeinen Racheakt hinreißen ließen. Bei einem sogenannten Gentlemen-Farmer, der vor seinem hübschen, an einer Landstraße gelegenen Wohnhaus sich die Sonne in den Magen scheinen ließ, hatten wir in aller Demut um Arbeit angefragt; die abscheulichsten Beschimpfungen von Seiten des Mannes waren die Antwort gewesen. Vor der Haustür dieses Grobians stand ein mit halbreifen Früchten reichlich gesegneter Pfirsichbaum, für jene Gegend eine Seltenheit. In der Nacht kehrten wir zurück und begruben die ganze Pfirsichernte in unsre Mägen von Erz. Wundere sich nur ja niemand darüber, wenn der wandernde Arbeiter roh, gemein, ja schließlich zum Verbrecher wird! Die Hartherzigkeit zeugt wieder Hartherzige.

Doch ich will den Faden meiner Erzählung wieder aufnehmen. Wir hatten uns also infolge meiner göttlichen Inspiration vom Pfarrer Carl Pistorius entschlossen, die Richtung nach Baltimore einzuschlagen.

Bald wurde die bisher zahme und einförmige Gegend wilder und romantischer, und an einem jener herrlichen Nachsommerabende, wie man sie nur in Nordamerika kennt, begrüßten wir den Susquehannahstrom. Der Susquehannah – um diesen Namen hatten sich so viele Indianer-Phantasien meiner Kindheit gruppiert.»Unter dunkeln Ahornbäumen an dem Strand des Susquehannah wandelt einsam Watawanna, des Indianers Braut«, so hatte eine meiner Knaben-Reimereien begonnen. Die Indianerromantik war freilich zerronnen; weder tätowierte Krieger stürzten mit wildem Schlachtgeschrei auf uns ein, noch präsentierte uns eine braune Schöne den Labetrunk, aber wie prächtig standen ringsum die schon sich färbenden Wälder, wie tiefgrün glitt die Flut zwischen den gewaltigen Felsquadern hindurch. Ich habe nur noch einmal einen ähnlichen Strom gesehen, es war die Orbe, das Kind der Waadtländischen Alpen, die hat sich auch durch ein aus zusammenhängender Felsenmasse bestehendes Bett schmale und unermeßlich tiefe Rinnen gegraben, und dort wie hier ragen die Felsen nicht zerrissen und zerklüftet, sondern in breitenglatten Tafeln aus dem Wasser hervor. Ringsum war kein Mensch zu sehen, aber ein Boot lag bereit. Wir ruderten uns hinüber und überließen es dem nächsten Reisenden von der anderen Seite, es wieder nach dem gegenüberliegenden Strand zurückzubringen.

Wir hatten also nun Maryland betreten, und als ob die Bewohner dieses Staates von denen Pennsylvaniens total verschieden wären, fanden wir, daß die Gastfreundschaft, die wir dort bisweilen noch gefunden, hier eine gänzlich unbekannte Tugend schien. Wenn wir um Arbeit fragten, jagten uns die Farmer mit Flüchen von der Schwelle, jene Nachtscene, von der ich früher erzählte, ereignete sich auch in Maryland, und als wir eines Abends vor der Türe eines Bauernhauses halt machten, in dem eine Hochzeit gefeiert wurde, bei der es so recht hoch herging und die reich gefüllten Schüsseln und vollen Krüge in uns Tantalusqualen erweckten, da reichte man uns, einem jeden, ein Stückchen Brot von der Größe einer mittelmäßigen Hand als Magenpflaster und forderte peremptorisch unsere Weiterreise. Ich befürchtete, wenn unsere Gratulationen in Erfüllung gegangen sind, die Flitterwochen des jungen Paares dürften nicht allzulange gedauert haben.

Mittlerweile wurden die Nächte immer kälter, wenigstens erschienen sie uns mit unsren hungrigen Mägen – auch das Obst war sparsam geworden – unerträglich. Groß war daher unsre Freude, als wir wieder einmal eine Anstellung erhielten und zwar als Kornschneider. Eh es an die Arbeit ging, gabs ein ordentliches Frühstück, der Arbeitgeber betrieb eine Taverne und der Schnaps, den uns die Wirtin aus Mitleid mit unsrer verfrorenen Kondition heimlich zukommen ließ, war ein solcher Göttertrank, daß ich schon ihm zulieb niemals Temperenzler werden würde.

Das Kornschneiden resp. das Abköpfen der hohen Maisstauden mit scharfen Tischmessern ging nun ganz vorzüglich. Unter jedem stolzen Wipfel, den ich ingrimmig absäbelte, dachte ich mir das Haupt eines stolzen Kapitalisten, doch abermals sollte die Freude nur von kurzer Dauer sein, wir fielen schon nach Ablauf des einen Tages selber in unser Nichts zurück und zwar durch die Negerkonkurrenz. Die mit uns arbeitenden Schwarzen, an diese Arbeit gewöhnt, leisteten ungefähr das Doppelte wie wir, und so wurden wir nach einem tüchtigen Supper mit einem Tagelohn von 30 Cents für jeden entlassen. Nachtlager verschmähten wir, mit warmem Essen im Magen und Geld in der Tasche fühlten wir uns reich, und es schien uns nur an der Zeit zu sein, sobald als möglich unser erworbenes Kapital in irgend einer Sparbank Baltimores zu deponieren. Am Tage darauf erreichten wir diese Seestadt im Morgengrauen, ein Neger, der auf seinem Garbagekarren zur Stadt fuhr, nahm uns mit, es war ein würdiger Einzug. Jetzt begann erst die Zeit der schwersten Not. Von Arbeit erhalten keine Rede, wir verkauften unsre wenigen noch übrigen Effekten. Ich erhielt für meine Reisetasche nebst einem für meine Umstände noch ganz ansehnlichen Wäschevorrat als Inhalt in der Harrison Str. die Summe von 40 Cents.

Aber immer dichtere Kreise zog um uns die äußerste Not. Ein herrliches Bild müssen wir damals geboten haben, wie wir durch die Straßen wanderten! Als ich mich zum ersten Mal in einem Schaufenster widergespiegelt sah, mußte ich trotz allen Elendes lachen. Eine kurze, noch aus der Studentenzeit stammende blaue Jacke, dito einst elegant gewesene gelbe Hose mit Streifen, einen gewaltigen, in allen Farben schimmernden Filz, die Brille auf der Nase und eine Mappe, die mein Teuerstes, meine Notizen und Gedichte enthielt, unter dem Arm.

Wurde uns einmal etwas zu essen gereicht, so geschah es sicherlich von Leuten, die selbst arm waren, die reichen Leute mußten damals gerade ihr Geld für Siegesfeste, für Beglückwunschadressen an den deutschen Kaiser etc. ausgeben.

Des Nachts zwang man uns außerhalb der Stadt bei Mutter Grün zu schlafen, denn wer heimat- oder arbeitslos gefunden wird, den straft die Polizei durch Einsperrung. Seltsam, das kommt mir gerade so vor, als wenn eine verehrliche Stadtbehörde kein Geld zur Fortführung der öffentlichen Schulen gewähren würde und dann doch die Kinder bestrafen wollte, weil sie nicht in die Schule gehen.

Eines schönen Morgens fand ich, als ich Toilette machte, daß – doch man lasse mich das mit einem etwas veränderten Faust-Zitat sagen: »Schon regt sichs quillend tausendfach und ängstigt mich mit ahnungsvoller Gegenwart!« Die Folge davon war, daß meine bisher noch geretteten Unterkleider den Fluten übergeben werden mußten.

Nun teilte uns der eine unsrer Gefährten, der frühere Kaufmann, mit, daß er von besseren Zeiten her eine Empfehlung an die bekannte Tabaksfirma Gail und Ax in der Tasche trage. Der närrische Mensch hatte das bis dahin nicht einmal zu erwähnen gewagt. Auf unser Drängen präsentierte er seine Empfehlung und siehe da, er wurde zwar nicht als Buchhalter, aber doch als Packträger mit $ 1.75 per Tag Gehalt angestellt. In seiner Bescheidenheit erwähnte er natürlich nicht, daß er sich in der äußersten Not befand; es galt also auch für ihn noch einmal sein Nachtquartier im Freien, oder wie wir es damals uns angewöhnt hatten, im Eisenbahnwagen aufzuschlagen. Wir pflegten nämlich einfach das auf die Plattform gehende Fenster einer Passagier-Car aufzuschieben, da durchzukriechen und dann aus den Polstern der Sitze ein luxuriöses Lager zu bereiten.

Aber der arme Mensch war so müde und krank, daß er die Kraft nicht mehr besaß, sich weiterzuschleppen, er blieb auf der nächsten Haustreppe sitzen und von diesem Augenblicke an habe ich ihn lange Jahre nicht wieder gesehen. Ob er nun von der Polizei aufgenommen war, in einem Armenhause verkam oder in einem Hospital freundlos gestorben, wir wußten es nicht; ich weiß nur, daß wir beide Übrigbleibende (der Bäcker und ich) am nächsten Tag zwar erschraken, als wir in der Fabrik nachfrugen und hörten, daß unser Freund nicht gekommen sei, daß aber auch sogleich der Selbsterhaltungstrieb jede andre Regung in uns verdrängte und wir beide wie aus einem Munde uns anboten, die Stelle des Verlorengegangenen[1] einzunehmen.

Ich wurde als Ersatzmann gewählt.

In der Tat, das Unglaubliche war geschehen. Nicht der Bäcker, der doch immerhin arbeitsfähiger aussah, sondern ich wurde als Ersatzmann gewählt; ich hatte es, wie ich später von dem Vormann, der selber Student gewesen, erfuhr, den Stammbuchblättern zu verdanken, die der Schläger in mein Gesicht geschrieben. Ohne mich noch einmal umzusehen nach meinem letzten Leidensgefährten, dem Bäcker, den ich später auch nie mehr gesehen habe, stieg ich in die oberen Räume der Fabrik hinauf, wo tausend fleißige Hände sich regten.

Eine volle Flutwelle des intensivsten Glücks übergoß mich; ehrliche bürgerliche Arbeit, und, wie ich alsbald ersah, Arbeit, der ich gewachsen war! Schon sah ich mich im Geiste rehabilitiert, schon träumte ich von einem eigenen Zimmer, wo ich des Abends meine lieben Bücher wieder zur Hand nehmen und mich endlich ohne Erröten mit meinen Lieben im Vaterlande brieflich in Kommunikation setzen konnte. Aber so hoch mich die eine Minute emporhob, so tief stürzte mich die andre. Ein andrer Aufseher, nicht der mich engagiert hatte, ließ mich Tabakspakete in eine Kiste packen, als ich damit fertig war, mußte ich ihm die Anzahl der verpackten nennen, soweit ging alles gut, nun ging es an das Zunageln der Kiste. Meine Brille war mir leider in den letzten Tagen zerbrochen, und so schlug

---

[1] Fand den Mann letzten Sommer wieder in Boston und zwar als Herausgeber einer Lokalzeitung in Ohio und Vertreter eines Turnvereins, dessen Mitglieder die Pfaffen-Kindtaufen als schönste Familienfeste feiern.

ich wohl öfters neben den Nagel. Als der Vormann dies bemerkte, beeilte ich mich mit wahrer Seelenangst, ihn zu versichern, daß ich zwar kurzsichtig sei, aber meine Brille gleich morgen machen lassen werde und mit derselben ganz gut sähe. Der Mann trug selber eine Brille, aber er teilte mir mit dürren Worten mit, daß er derartige Leute nicht brauchen könne, und so sah ich mich nach einem Aufenthalt von etwa 20 Minuten wieder entlassen und von dem Gipfel meiner Hoffnungen gestürzt.

Bei all dem Vorhergehenden hatte mein Humor mich aufrecht erhalten, aber das war zuviel. Gänzlich zerschmettert, fast bewußtlos vor innerem Schmerz stieg ich die Treppe herab, und erst auf eine teilnehmende Frage meines Gönners im ersten Stocke strömten die bitteren Tränen der Enttäuschung. Der Mann riet mir, mich an Herrn Ax selbst zu wenden, um ihm meine Lage vorzustellen. Ich begab mich in die Office dieses reichen Mannes und erzählte ihm von meiner vernichteten Hoffnung und bat ihn, mir zu raten auf welche Weise ich mein bares Leben fristen könnte. Da wäre nun ein guter Rat auch billig und doch, wenn er nur in freundlicher Weise erteilt worden wäre, für mich von unendlichem Werte gewesen. Aber der genannte Herrscher von so und so viel weißen Sklaven schnaubte mich an:»Machen Sie, daß Sie fortkommen, ich kann mich nicht mit dem Bettelgesindel abgeben.« Ja, wenn ich noch gebettelt hätte! aber auf die bescheidene Anfrage um Rat, von einem Menschen ausgesprochen, dem er es ansehen mußte, daß die Verzweiflung in den Zügen wühlte, eine solche Antwort! Wahrlich Herr Ax ist ein hochangesehener Bürger, und wenn für ein Waisenhaus subskribiert wird, so steht sein Name mit 100 oder mehr Dollars oben an, und wenn es heißt Schiller- oder Humboldt- oder Siegesfeste feiern, so ist er gewiß beim Komitee. Ich habe seitdem, als ich zu einem Vortrage in Baltimore anwesend war, die Ehre gehabt, bei Herrn Ax zu speisen, natürlich wußte er nicht, daß er mich jemals früher gesehen, und es gereichte mir zu einer eigentümlichen Genugtuung, als Gast an dem Tische desjenigen zu sitzen, der mich wenige Jahre vorher verächtlich von seiner Schwelle gejagt. Das eben ist der Fluch des Mammons, daß er das Verständnis der Menschen für die Leiden Andrer vollständig aufhebt, und wenn auch bisweilen diese Ritter vom Geldsack prahlerisch ihre Silberlinge für öffentliche Humanitätsbestrebungen hinwerfen, ihre Sklaven und die Unglücklichen, welche sie im geistigen Negligé zu sehen bekommen, wissen, daß es für dieselben nur ein Prinzip gibt: Geschäft! nur ein Ideal: Geld! daß unter den schönen Phrasen, die sie bei Festessen oder serenadenden Gesangvereinen aussprechen, nichts als geistige Roheit verborgen ist.

O möge doch jeder dem Armen, ob derselbe nun durch eigne Schuld arm geworden ist oder nicht (was heißt überhaupt eigne Schuld?), möge ihm doch jeder wenigstens das teilnehmende Wort nicht versagen! Oft ist es das letzte Rettungstau, an dem ein Ertrinkender sich hält.

Sinnlos, planlos irrte ich durch die Straßen, jene graue Öde, jene dumpfe Gleichgültigkeit erfüllte mich, die der Verzweiflung entspringt, und nur ein Wunsch rang sich in mir empor, der, meinem Dasein auf irgend eine Weise ein Ende zu machen. Ich erinnere mich, daß ich dabei die Chancen der verschiedenen Todesarten ganz kaltblütig bei mir überlegte. Ins Wasser wäre ich gerne gelaufen, das war in nächster Nähe, aber ich befürchtete, da ich schwimmen konnte, im Augenblick der Gefahr werde der Lebenstrieb sich wieder zu regen beginnen.

Wie lange ich in den Straßen umhergeirrt, weiß ich nicht. Zufällig erhob ich einmal, als ich an einer Kirche vorbeiging, die Augen und las mechanisch die Worte einer Anschlagetafel: »Rev. Pister, der Pastor dieser Gemeinde, wohnt usw.-« Da tauchte in der Nacht der Willenlosigkeit das Gedächtnis jener Beratung in der Nähe Lancasters auf, und mit ihr zog der Galgenhumor wieder in die öde Brust, und bald darauf hatte ich die Klingel des Hauses in der Hand, in welchem der Pfarrer Pistorius wohnte, der es aber diesmal vorgezogen hatte, nicht als Essigfabrikant Buße zu tun, sondern als Prediger der Reformierten Gemeinde in Baltimore.

Das Dienstmädchen wollte mir die Tür vor der Nase zuschlagen, aber ich ließ mich diesmal nicht verblüffen, ich erzwang mir den Eintritt in das Haus und damit in die theologische Laufbahn. Ob das zu meinem Glück oder Unglück war, darauf kommts hier vorläufig nicht an, die Hauptsache war, daß mir der Pfarrer nach kurzem Examen den Hunger aus den Augen gucken sah, und daß mir die junge und anmutige Frau Pfarrerin sämtliche im Haus befindlichen Fleischspeisen und Cerealien sofort zur Verfügung stellte.

Diese liebenswürdige Frau hatte den feinen Takt – im Elend lernt man solche Feinheiten doppelt würdigen – sich unter irgend einem Vorwand während meines Essens aus dem Zimmer zu entfernen, so daß ich mich in keiner Weise zu genieren brauchte. Ich werde aber auch den freundlich erstaunten Blick der milden blauen Augen nicht vergessen, als sie bei ihrer Rückkehr bemerkte, daß ich buchstäblich Tabula rasa gemacht hatte.

Den Rev. Pister habe ich später in der ganzen Kleinheit des Pfaffentums erkannt, damals aber bewies er sich mir gegenüber weder als Priester noch als Levit, sondern als echter Samariter. Er lieh mir das Geld, um den, dem Leser von früher her hoffentlich noch im Gedächtnis befindlichen, Koffer von New York kommen zu lassen, wodurch ich wieder unter die anständig gekleideten homines sapientes eingereiht wurde, und er verschaffte mir Beschäftigung – o dreimal Heil solchem Mäcenas! – in einer Weinhandlung.

Vorher jedoch hatte ich noch ein kleines Abenteuer zu bestehen, das ich wie so manches andre dem »bodenlosen Leichtsinn« (so pflegte meine *Residenztante* es zu nennen) zu verdanken hatte, womit Mutter Natur mich ausgestattet. Pister gab mir nämlich an jenem ersten Tage unsrer Bekanntschaft einen halben Dollar mit der Weisung, für diese Nacht in einem Hotel Unterkunft zu suchen. Nun aber, werter Leser, du weißt es, und mitleidige Leserin, du wirst es begreifen – wenn man aus der Tiefe des Elends plötzlich in einen wohlgefütterten Zustand versetzt wird, so stellt auch alsbald der Durst sich ein. So sah man denn diesen verlorenen Sohn, nachdem er in eine Straße eingebogen, die ihn den nachschauenden Blicken des Pastors entzog, in der ersten Tür verschwinden, ob welcher der Herrgott den Arm heraussteckte. (Man muß Tramp gewesen sein, um die Wohllust des frischen freien Bestellens und Bezahlens zu verstehen, namentlich wenn man noch »Change« herausbekommt.) Kurz, als ich herauskam, war der Denar zu Sestertien geworden, welche die Anforderungen auch des bescheidensten Hotels nicht mehr erreichten. Ich beschloß also noch einmal, ehe ich die neue Ära der bürgerlichen Tätigkeit antrat, nach Vagabundenmanier im Eisenbahnwagen zu schlafen. Ich gewann nach alterprobter Weise durchs Fenster den Eintritt und entschlummerte süß auf üppigen Kissen – man sieht, die Monopolisten werden doch bisweilen in den Dienst der armen Teufel gepreßt. Doch wer beschreibt mein Entsetzen, als ich mich beim morgengräulichen Erwachen nicht mehr in einem stillstehenden, sondern in einem sanft dahindonnernden Eisenbahnwagen befand! Aber man hat nicht umsonst von Harras, dem kühnen Springer, gelesen. Erst flog meine Mappe zum Fenster hinaus, dieses schätzbarste fahrende Gut meiner Trampzeit, und dann ich selber. Ich besaß damals noch nicht das Embonpoint, das ich mir seither mit großem Geld- und Zeitaufwand angeschafft habe, und auf einen doppelten Purzelbaum über dem Bahndämme mehr oder weniger kam mirs auch nicht an. Etwas später allerdings, als ich stipuliert, kam ich bei meinem geistlichen Freund an, bei dem ich die Verzögerung selbstverständlich durch die ungewohnte Bettwärme des Hotels entschuldigte. Wahrhaftig, 's war mer angscht und bang, ich hab noch nie geloche ghabt mein Lebe lang. Indessen der heilige *Veit von Staffelstein*, der so viel Durst und Sünde verzeihen muß, war mir als Schutzgeist nah, und in seinem Zeichen zog ich noch am selben Tag in meinen neuen Bestimmungskeller ein, wo die Stückfässer schweigend predigten und doch für mich so verständlich.

Im Weinkeller

Ein freundlicher Leser meiner Aventiuren meint in einer Zuschrift, ich nähere mich in erfreulicher Weise dem Genre *Claude Tilliers*. Ach, daß ich selber davon überzeugt sein könnte! denn in der Tat wäre mir jetzt die beschreibende Kraft des Verfassers von »Onkel Benjamin« nötig, da ich das Bild des ehrsamen Heinrich Senft malen will, welcher in der Geschichte Baltimores rühmliche Erwähnung verdient, da er die erste Weinhandlung dort etablierte, und in dessen Kellern ich meine von Europa aus etwas kümmerlichen Weinkenntnisse einigermaßen vervollkommnete.

Der alte Senft war in seiner Art ein Original, ein Typus jener immer mehr vom Erdboden verschwindenden Geschäftsleute, welche, den Penny auf den Penny türmend, durch Arbeit und Sparsamkeit wohlhabend werden. Er haßte die Spekulation wie den Diebstahl und wie den amerikanischen Wein. Er war ein Mann der Barzahlung, ohne deshalb den Pump aus seiner Weinstube zu verbannen; rechtlich, ehrlich in allen persönlichen und Geldangelegenheiten, hielt er es doch nicht für Sünde, nach altem Väterbrauch den Wein bisweilen zu »verschneiden«, namentlich wenn derselbe für jene Thebaner bestimmt war, welche so viel vom Wein verstanden »wie die Kuh vom Zwetschgenmus«; geizig bis zum Nachzählen der Holzstücke, die man zum Feueranmachen brauchte, und doch, wenn ihm etwas recht wohl tat, oder wenn er sich seinen »Quartal-Bohrer« antrank, in übertriebener Weise freigebig. Engherzig in allen Erwerbsfragen – Gott! was würde der Mann über die Sozialisten schimpfen! – aber ein natürlicher Philosoph auf politischen und religiösen Gebieten, der sich weder von Pfaffen noch von Handwerkspolitikern etwas weismachen ließ. Ein Materialist, der an nichts zu glauben behauptete, als was er sehe, ja ein praktischer Materialist, der, nach seiner eignen Aussage, nichts verlangte, ohne dafür zu bezahlen, aber auch nichts hergab, ohne dafür bezahlt zu werden; und doch war nichts leichter, als ihn mit irgend einer romantischen Geschichte zu Tränen zu rühren, und wenn er auch gerade gegen seine nächsten Verwandten und Bekannten hart schien und auch wohl hart war, so ging doch keine problematische Existenz unverrichteter Dinge von ihm fort, wenn sie ihm das Herz zu bewegen verstand. Fluchen konnte er, es war was Erschreckliches, aber doch hat sich auch das jüngste seiner Enkelkinder nie vor ihm gefürchtet, und seinen gelindesten und Lieblingsfluch: »Gott gedoppelt!« hatten sich alle seine Kunden angewöhnt.

Senft stammte aus der Stadt des guten Weins und des klassischen Wurstmarkts, aus Dürkheim (sprich Derkhem) in der fröhlichen Rheinpfalz. Er wird dort aber wenig Fröhlichkeit erlebt haben, denn kaum dem Knabenalter entwachsen, schaffte man den Armen nach Amerika, wo er sich den goldnen Boden für sein edles Handwerk, die Seifensiederei, suchen konnte. Trotzdem gelang es ihm gerade in dieser Branche, mit dem Schubkarren von Haus zu Haus die Fettabfälle sammelnd und auf gleiche Weise die Seife wieder verpeddelnd, die Grundlage zu seinem Wohlstand zu legen, und es darf ihm zur Ehre angerechnet werden, daß er später gerade auf die Seifensiederei mit größtem Stolz zurückblickte. Freilich zu einem »Prominenten« hatte der alte Senft (sehr zum Leidwesen seiner Gemahlin, von der später die Rede sein wird) keine Anlage, nicht einmal zu einer Equipage konnte er sich verstehen (»wer Gäulsbaan braucht, soll sich begrabe losse«, pflegte er zu sagen); aber das mußte man auf Treu und Glauben von ihm annehmen, daß in »denne jetziche Schwindelzeite« solche Seife nicht mehr im Markt war, wie er sie produziert hatte.

Was nun das Äußere des alten Senft betraf, so sah er weder aus wie ein Denker noch wie ein Held. Man stelle sich ein klapperdürres Männchen vor mit spärlichem sandfarbigem Haar und so viel Runzeln im Gesicht, daß der Barbier, der ihm die Stoppeln aus dem Gesicht entfernte, jedesmal an ihm sein Meisterstück machen mußte; hoch auf der Stirn große Brillengläser, unter grauen, starkbuschigen Brauen zwei blaue Äuglein, die mit einem raschen, scharfen Blick ihren Mann musterten, um dann demselben mit einer gewissen Blödigkeit ins Gesicht zu starren.

Ruhe kannte dieser Mann nicht, ich kann mir heut noch nicht vorstellen, daß er (außer nach erwähntem Quartal-Bohrer) jemals geschlafen hat. In der Tat konnte es ihm zu irgend einer Stunde der Nacht einfallen, wie ein Gespenst durchs Haus zu schlurfen, eine Eigenschaft, die von dem weiblichen Dienstpersonal und den »Zimmerherrn« unisono als eine höchst unliebenswürdige verdammt wurde. Bei Tag fuhr er in den Kellern und in der Weinstube umher wie – schade, daß man das bezeichnende Volkswort in der Schriftsprache nicht gebrauchen darf! – wie eine Fledermaus, nur daß er mehr zerstörte als eine solche; denn in seiner Schusselichkeit opferte er mehr Gläser als mit dem besten Willen der beste Barkeeper, eine Ungeschicklichkeit, die er jedesmal mit den ehrenrührigsten Ausdrücken, die der Pfälzer kennt, prompt an sich selber bestrafte. Das war der Mann, zu dem mich an einem Herbsttage des Jahres 1870 der Pastor Pister brachte.

Vorausschicken muß ich, daß Pister als einzige Rettung für mich die theologische Laufbahn erklärt hatte, wogegen ich auch bei meinem damaligen Entwicklungsstande gar nichts einzuwenden hatte: da aber die Synode erst im Frühjahr zusammentrat, so mußte ein Unterkommen gefunden werden, wo ich mein Brot verdienen und zugleich »meinen Studien obliegen« konnte.

Pister besaß einigen Einfluß auf Senft, nicht als ob letzterer ein Kirchenmann gewesen wäre, ganz im Gegenteil, er hielt gar nichts »vun de Paffe«, aber Pister war ein »Landsmann« und ein guter Kunde. Jene Introduktion steht mit scharfen Zügen in meinem Gedächtnis geschrieben. Der noble Pastor hatte nicht nur zwei Schoppen Wein, sondern auch, allein für mich, eine Portion Schweizerkäs bestellt, und mir gefiel es ganz außerordentlich in der Weinstube, die in ihrer Schlichtheit mehr anheimelte und mehr nach gutem Wein roch als die heutzutage mit altdeutschen Möbeln aufgefixten. Der Pastor brachte sein Gewerbe an; der Alte schoß einen seiner raschen Blicke über mich hin und entschied – gegen mich. »Es geht nit, Herr Paschtor, es geht mit'm beschte Wille nit.«

Er hatte seinen guten Grund; schon wirkte nämlich ein Brillenmann in seinem Keller, ein Stiefsohn, den ihm die zweite Ehe mitgebracht hatte, und er hatte alle Ursache, vor einem derartigen Doppelgespann Respekt zu haben.

Wenn der alte Senft einmal seinen Kopf aufgesetzt hatte, so konnte er an Störrigkeit zehn Maulesel übertreffen, die Verhandlungen wären also jedenfalls resultatlos geblieben, wenn nicht auf der Schwelle des Gemaches incessu regina, einherschreitend wie eine Königin, das einzige Agens erschienen wäre, welches selbst die unbeugsamsten Beschlüsse des Alten zu brechen verstand, die Frau Wirtin.

Die Frau Senft, die Beherrscherin jenes kleinen Familienzirkels – ich möchte Verse machen, wenn ich von ihr schreibe, denn nie ist liebenswürdigere Wirtin von fahrendem Schüler besungen worden; nur ist es leider Tatsache, daß wir für diejenigen, welche es am besten mit uns meinen, am seltensten in die Saiten schlagen. Und doch kann es kein Zufall sein, daß gerade des Schwabenlands größter Dichter den unsterblichen Ton anschlug: Ehret die Frauen! Und auch ich, mag mir auch manch ein Schwabe, der es »faustdick hinter den Ohren« hatte, weniger sympathisch gewesen sein, ich sage: allen Respekt vor den Schwäbinnen! Denn gerade in jener Zeit, da mein Hunger noch viel größer war als mein Genius, waren es zwei Schwäbinnen, beide nicht weit von den klaren Quellen des Neckars zu Hause, des von Schwaben und Pfälzern gleich geliebten, deren mütterlicher Fürsorge ich es zu verdanken hatte, daß ich verhältnismäßig angenehm über eine Periode hinwegkam, die mir immerhin noch hätte verhängnisvoll werden können.

Frau Senft war, als ich sie kennenlernte, nicht mehr jung, sie war zum zweitenmal verheiratet, und ihr einziger Sohn aus erster Ehe fünf Jahre älter als ich. Sie war eine gute Hausfrau und wie alle Schwäbinnen eine gute Köchin, aber die Romantik des Landes der Uhland und Kerner hatte sie nicht unberührt gelassen, das prägte sich schon in ihrem Vornamen aus – sie hieß Kathinka – und in ihrem Äußeren. Das war eine jener alten Frauen mit roten Wänglein, mit lachenden Augen und immer noch hübschem Mund, wie sie leider immer seltener werden. In diesem Mund blitzten die kleinsten, weißesten und regelmäßigsten Zähne – sie hat mir später selber gesagt, daß es künstliche Zähne waren, aber ich glaube nicht, daß irgend jemand auf den Gedanken gekommen wäre. Sie war klein von Statur, aber perfekt gebaut und von so pompösem Auftreten, daß man ihre Kleinheit vollständig vergaß. Nehmen wir dazu altmodisch um das Gesicht herum wellenförmig arrangiertes dunkles Haar, klar blickende blaue Augen, ein Lächeln, dem sogar die Grübchen nicht fehlten und eine melodisch biegsame Stimme, und man wird begreifen, daß mancher fröhliche Zecher das Alter dieser Frau und die Runzeln dieses Gesichts vergaß und ihrer Schönheit mit manch tiefem Zuge huldigte. Was das innere Wesen dieser Frau anbelangt, so hatte sie, wie gesagt, die Romantik ihrer Dichter sich auch in Amerika bewahrt, liebte Schiller und Jean Paul und *Tiedge* über die Maßen, während ihr Goethe und Heine zu »frivol« vorkamen, hatte ihre pantheistische, außerkirchliche Religion von Zschokke und aus »Meyers Universum« entlehnt und, was das Beste ist, ich habe nie ein Weib gekannt, die ein wärmeres Herz und eine offenere Hand für Arme und Unglückliche oder auch für einfach Durstige gehabt hätte. Daß Frau Kathinka auch bisweilen anders sein konnte, daß sie, wie man in der Pfalz sagt, »auch ihren Umstand« hatte, werde ich gleich nachher zu berichten haben.

Kehren wir zu dem bangen Moment zurück, da ich in der Weinstube saß und mir bei der positiv abschlägigen Antwort des Besitzers der letzte Bissen Schweizerkäs im Munde schwoll. »Ja aber Vater (sie sprach gut Hochdeutsch), soviel Arbeit, um den jungen Herrn zu beschäftigen, gibt es doch immer«, ertönte diese liebe Stimme. »Vor allen Dingen aber wirst du die Herren nicht aus dem Haus gehen lassen, ehe sie mit uns zu Mittag gegessen haben.« Da war nun wieder der alte Zwiespalt zwischen dem Adam, der auf seine göttliche Autorität sich etwas einbildet, und der Eva, der man, weil sie gewöhnlich ihren irdischen Willen durchsetzt, seit alten Zeiten das Herzensbündnis mit dem Teufel nachgesagt hat. Frau Kathinka hatte mich rasch gemustert, der Pastor lächelte verschmitzt, sie sah ihren Mann an, sie hatte eine eigene Art, ihm gerade ins Gesicht zu schauen, unter der er sich drehte und wand wie ein nervöser Kater, den man beim Milchdiebstahl erwischt hat. Er murmelte etwas Unverständliches, schoß hinter den Schenktisch und verschwand im Keller. Frau Kathinka aber reichte mir lächelnd die Hand: »Ich denke, wir wollen es einmal mit Ihnen versuchen.«

So rasch aber sollte doch der Sieg des ewig Weiblichen nicht errungen sein, und wer weiß, ob die Gebieterin ihre ganzen Streitmittel für den Fremden in den Kampf gebracht hätte, wenn nicht Apoll, viele an ihm begangene Sünden mir verzeihend, für mich eingetreten wäre.

Ich hatte nämlich mit dem Pastor das Haus verlassen, um noch vor dem Essen einige nötige Einkäufe zu machen. In unserer Abwesenheit studierte Frau Kathinka mit lobenswerter Wißbegier den Inhalt meiner zurückgelassenen Mappe. Und sie fand, daß sie nicht ein gewöhnliches Menschenkind unter ihr Dach zu nehmen im Begriffe stand, sondern einen Göttersohn, einen Dichter, einen verkannten vielleicht und unbekannten, einen ungedruckten, aber immerhin einen Dichter. Welch ein Segen, daß romantisch angelegte Schwäbinnen nicht auch zugleich Kritiker sind, denn in diesem Falle hätte vielleicht kaum *Elise Hahn* dem Gottfried August Bürger Hand und Herz angetragen, sicher aber hätte *ich* nie meine segensreiche Tätigkeit in jenem Weinkeller beginnen können. Frau Kathinka kritisierte nicht, sie sah nur, daß ich Verse machte, daß ich Heimweh hatte, und daß ich ein »gebildeter junger Mann« war; damit war ihr Entschluß gefaßt, und für diesmal wenigstens wurde mir »der Dichtung Fluch« zum Segen.

Nach dem Essen erklärte der Alte, indem er behauptete, noch einmal gründlich über den Gang des Geschäftes nachgedacht zu haben, absolut keine Verwendung für mich zu haben, und verschwand, nachdem er mir, um die Härte des Ausspruchs zu mildern, mit zitternder Hand noch einen Schoppen eingeschenkt, in den innern Gemachem. Nun begab sich etwas Seltsames. Erst einige kurze, heftige Hin- und Widerreden drinnen, dann heftiges Türzuschlagen, der Alte stürzt mit verstörtem Gesicht heraus; dann folgt drinnen jammerndes Weibergeschrei, die Köchin und die Dienstmagd fliegen zu gleicher Zeit in das Wirtszimmer, um Spiritus, und was weiß ich, zu holen, Beide schleudern dem Alten vernichtende Blicke zu, und die Köchin, die sich etwas herausnehmen darf, zischt ihm zu: »Da haben Sie wieder was Schönes angerichtet!« Dann drinnen ein anhaltendes leises Wimmern.

Der alte Senft schaufelte wie wahnsinnig umher und raufte sich die spärlichen Haare. Ich erlaubte mir die Frage, ob etwas passiert sei. »Nix is es«, rief er halb wütend, halb weinerlich, »Gewidder Dunnerwedder! nix is es, sie hot halt widder ihren Umschtand.« Gleich darauf aber hörte ich sein leises Klopfen, und das Parlamentieren begann durch die Türe, die ihm aber vorläufig nicht aufgetan wurde. Jedoch schien ein Resultat erzielt zu sein, denn der zurückkehrende Alte teilte mir mit, er habe sich doch anders besonnen und wolle es, einen Monat wenigstens, mit mir probieren. Frau Kathinka erschien beim Abendessen etwas bleich zwar, aber mit erhöhter Würde.

Ich habe nie erfahren können, was dieser Umstand eigentlich war, ich weiß nur, daß er wie ein Damoklesschwert über dem

Haupt des Alten schwebte, das zu irgend einer Zeit herabfallen konnte, und das jedesmal dann fiel, wenn Frau Kathinka etwas durchsetzen wollte, was dem Herrn Gemahl nicht einleuchtete. Da nun aber das, was Frau Kathinka durchsetzen wollte, fast immer das Richtige und Vernünftige war, und auch in diesem Falle schließlich allseitige Befriedigung zur Folge hatte, so wird ein geneigter Leser ihr den Umstand so gern verzeihen wie mir die Verse.

Eine absolute, d. h. jederzeit maßgebende Macht war aber der Umstand doch nicht, es gab einen immer wiederkehrenden Fall, wo er selbst in seiner intensivsten Form wirkungslos blieb oder vielmehr durch den Umstand des Alten, der freilich ganz andrer Natur war, vollständig paralysiert wurde, das war, wenn der Alte das Bedürfnis nach dem schon erwähnten Quartal-Bohrer in sich aufsteigen fühlte.

Große Ereignisse werfen ihre Schatten voraus, und in diesen Fällen ganz angenehme Schatten. Der alte Senft pflegte nämlich von Zeit zu Zeit eine ganz ungewohnte Wärme auszustrahlen; sonst der reine Temperenzler, trank er öfters ein Glas Wein, erzählte den Gästen uralte Witze und behandelte seine Untergebenen mit einer gewissen Zärtlichkeit. Wenn er aber so ungefähr am dritten Tage, an einem schönen Morgen nur so nebenbei beim Frühstück bemerkte: »Liebs Kind (er nannte seine Frau immer »liebs Kind«) ich hab heit Morche e kleenes Geschäft uf der Bank zu besorche, der Robert is so gut und baßt e bissel uf die Bar uf, dann wußten wir, was die Glocke geschlagen, wo dieser Bartel den Most holen wollte, und zu welchem Brunnen dieser Krug ging. Der Quartal-Bohrer war im Anzug und eher hätte man den Gang des Erdballs umdrehen als den alten Senft zurückhalten können. Da halfen weder Bitten, noch Drohungen, noch der Umstand. Heinrich ging im Sonntagsstaat, glattrasiert, vergnüglich lächelnd und wirklich und wahrhaftig ein Schelmenliedchen pfeifend, und immer nahm er, um auf alle möglichen Fälle vorbereitet zu sein, eine bedeutende Summe mit, man munkelte von 30-50 Dollars. Wenn er aber wieder kam, und er kam immer am selben Tag oder wenigstens in der Nacht des Tages wieder, war alles leer, wie's im Schwalbengesang heißt.

Oft wurden sämtliche männliche Insassen ausgesandt, um den Schritten des teuern Gebieters zu folgen und ihn zur rechten Zeit nach Hause zu bringen, aber manchmal ist der Hase schlauer als die Hunde. Immer wenn wir ihn fest zu haben glaubten, wußte er auf eine geheimnisvolle Art zu »doppeln« und spurlos zu verschwinden. Erst pflegte sich sein Pfad durch die wohlbekannten Stammlokale zu schlängeln, wo er immer mit Hurrah von den alten Spezeln empfangen wurde, weil er mit der Freigebigkeit eines Derkhemers beim Worschtmarkt traktierte. Später aber verirrte er sich in die unmöglichsten Kneipen ihm ganz unbekannter Stadtteile; eine wahre Abenteuerwut schien über ihn gekommen zu sein, und wir hörten manchmal, daß er ganze Banden schwarzer Schiffslader mit unendlichem Schnaps beglückte und ihnen eine Auswahl deutscher Volkslieder zum Besten gab. Das Endresultat war immer, daß er von unbekannten, manchmal sehr *catilinarischen Existenzen* nach Hause gebracht: wurde, kreuzfidel aber leider ohne Hut und immer ohne Schuh und Strümpfe. Ich kann mir nicht anders denken, als daß ihn jugendliche Reminiszenzen oder die Sehnsucht nach der direkten Berührung mit der Mutter Erde überwältigten. War er dann mit Pantoffeln versehen auf zwei guten Stühlen plaziert, dann mußte, bis ihn der Schlaf überwältigte, alles, was noch trinkhaft war im Hause, mit ihm kneipen und er hatte keinen Wein im Keller, der ihm bei solchen Gelegenheiten zu gut war; nur pflegten wir den Wein-Unverständigen aus Flaschen einzugießen, welche eine Traminer-Etikette trugen, aber Schenkwein enthielten.

Das war der Quartal-Bohrer meines alten Freundes Senft, er war regelmäßig großartig und kostete viel Geld, aber er stand in gar keinem Verhältnis zu dem physischen und moralischen Kater des folgenden Tages. Ein gebrocheneres Menschenkind habe ich nie gesehen. Wenn er an die Gelder dachte, die er, der sparsame, pfennigfühlende, der Feind aller unnötigen Ausgaben, wie ein Graf Luxemburg in einer Nacht hinausgeworfen hatte, dann raufte er sich buchstäblich die Haare aus. Mit welch einem vortrefflichen Ehepaare man es zu tun hatte, das wurde aber doch bei solchen Gelegenheiten bemerkbar. Frau Kathinka mißbrauchte nie ihre Macht, um ihm die Selbstvorwürfe durch die ihrigen zu erschweren, sie sah weislich ein, daß man Kommendes eher verhüten kann, wenn man Geschehenes verzeiht, sie beruhigte vielmehr ihren Heinrich und kochte ihm die besten Suppen. Und der Alte, wenn er ein weniger von Grund aus guter Mensch gewesen wäre, so hätte er

Andre für seine Extravaganz mit büßen lassen, so aber wütete er nur gegen sich selber, und gegen uns, speziell gegen mich, war er von einer geradezu rührenden Nachsicht, ja Unterwürfigkeit; es hätte nicht viel gefehlt, so hätte er jeden um Verzeihung gebeten. »Lieber Robert (sprich Robbert), des bressiert nit so mit dem Faßbutze (e Gewitter soll mich alde Esel verschlache!), bleiwe Se lieber hier owwe und trinke Se e Glas Wein. Ich kann heut net (de Hals hätt ich breche solle, wie ich die Stepps nunner bin)« etc. Und so hatte dann das gesamte Personal, vor allem aber der angehende Gottesgelahrte, auf zwei oder drei Tage sogenannte gute Zeiten. Und in Anbetracht dessen wird ein geneigter Leser außer den Versen und dem Umstand auch den Quartal-Bohrer mit milden Augen ansehen.

In meiner neuen Stellung, die, wie man sich bei genannten Vorbedingungen denken kann, ein wahres Elysium war gegen die früheren »Stellungen«, gab es auch schlechte Tage. Tage, an denen der Alte hinter uns her war wie der leibhaftige Satan hinter einer armen Seele, aber ich will mir vorerst das Vergnügen machen, einen guten Tag zu beschreiben.

Ich schlief des Nachts in – der Essigkammer – abermals eine Reminiszenz an den Essig fabrizierenden Pistorius – an den Essiggeruch mußte man sich freilich gewöhnen, aber das Bett war sehr gut, und hinter den großen Essigfässern ließ sich ein Krüglein mit Wein zu nächtlicher Herzstärkung oder an hohen Festtagen auch ein Fläschlein gar trefflich verstecken. Blumen vor den Fenstern waren nicht nötig, denn die Mauer gegenüber war die eines Mädchenpensionats und an dem Fensterlein, das dem meinen gerade gegenüber lag, so nahe, daß ich es fast mit der Hand hätte erreichen können, erschienen Blumengesichter, so oft ich ein Rattenfänger-Lied sang. – Baltimore ist an und für sich die Stadt der schönen Mädchen, in diesem Institut waren aber auch die glutäugigen Töchter Alabamas, Louisianas und der beiden Carolinas vertreten. Ich weine eine Zähre der Erinnerung und sage nichts mehr.

Im Frühaufstehen war der alte Senft unerbittlich, und die schlimmste Arbeit, nämlich die Reinigung und Füllung der Öfen, hatte ich schon hinter mir, wenn das substantielle Frühstück den Magen für die kontemplative Trinkung des Tages zurecht setzte.

Nun gab es im Keller allerhand aufzuräumen, das wurde – ich spreche von den guten Tagen – so recht con amore getan, besonders da man dabei Gelegenheit hatte, den verschiedenen Fässern nahe zu kommen. Ich bin heute noch schlecht genug, mich darüber zu freuen, daß ich namentlich des Vormittags mich stets an die besseren Sorten hielt. Der alte Senft aber, wenn er jetzt das Bekenntnis einer durstigen Seele in seinem Himmel liest, wird sich erinnern, daß er ähnliches damals schon ahnte. Wenn nämlich das Geschäft schlecht ging und wir beide (sein ebenfalls brillentragender Stiefsohn und ich) im Keller hantierten, pflegte er öfters seinen Gästen gegenüber das Schicksal anzuklagen: »Gott verdoppelt! die zwei Schtudente versaufe mer do drunne mehr als ich do howwe verdiene kann.«

Dann gings ans Weinabfüllen, und das war eine Arbeit, die ich für mein Leben gern tat, und bei der ich es sogar bis zu einer gewissen Routine brachte. Die Hauptsache ist, daß man immer abtrinkt, wenn die Flasche zu hoch gefüllt ist, weil sie sonst beim Kork-Einschlagen platzt. Letzteres kam wohl auch einmal vor, aber wenn so das edle Naß in dem schwarzen Kellerboden versickerte, dann war mirs immer so traurig zu Mut, als ob hier eine feurige, schöne, poetische Individualität im Schmutze des Alltäglichen ersticken müßte.

Oft hatte ich Zeit genug, meinen Homer aufzuschlagen, der neben einem Bändchen von Fritz Reuters Werken immer bereit war. Der Alte ertappte mich einmal dabei, aber merkwürdigerweise ärgerte er sich nicht. Er steckte die Nase in das Buch und gabs mir zurück mit den Worten: »Des is alls dummes Zeich, aber wann Se Parre werre wolle, misse Se's halt in Gotts Name lerne.«

Ob ich auch Besuch bekam? Das will ich meinen. Die Dienstmädchen (»wir« konnten es » afforden«, deren zwei zu halten, außer der Köchin) hatten alle Augenblicke etwas im Keller zu tun (eine Treppe führte aus der Küche direkt in den Keller) und für manchen Schluck, den sie aus meinem Becher tranken, wurde mir einer jener »Z' Nüni«-Happen zuteil, die zu einem Glas Wein ganz vortrefflich schmecken. – Der liebste Besuch aber war mir stets der eines ungeheuren schwarzen Katers, in der Ruhe anmutig und doch majestätisch, im Gesang schwungvoll. Eines der Lieder, die er nachts im Hof unter meiner Essigkammer flötete, habe ich ihm nachgedichtet und will es – aha, jetzt kommen ja doch die Verse, die man entschuldigen muß – hier reproduzieren:

> All mein Hoffen, all mein Sehnen
> Will mit feurigem Miauen
> Unter heißen Katertränen
> Dir mein Lieb ich anvertrauen.
>
> Deine Augen, die Smaragden,
> Haben, ach! mein Herz bezwungen,
> Deine Krallen, die mich packten,
> Sind mir tief in Pelz gedrungen.
>
> Hör ich deine süße Stimme
> In dem Keller, in der Küche,
> Haben für mich keinen Reiz mehr
> Selbst die schönsten Wurstgerüche.
>
> Und ich sing in zarter Weise
> Manches Lied von meiner Liebe;
> Doch du hast für all mein Sehnen
> Nur die schärfsten Tatzenhiebe.
>
> Glaub ich einmal dich zu haschen
> Eilst du schäkernd um die Ecke –
> Gönnst mir nicht, daß ich nur einmal
> Deinen weißen Pelz belecke.
>
> Und ich bin doch sonst der flottste
> Katerjüngling in der Runde,
> Meine süßen Liebeslieder
> Sind in aller Katzen Munde.
>
> Meines Pelzes glatte Haare
> Meines Schweifes stolzer Bogen
> Und mein Dichteraug das klare
> Macht mir manches Herz gewogen.

Aber, ach! es ist nur Eine,
Die ich träume, die ich denke
Wer verdenkt mir, daß ich weine
Und mich in mich selbst versenke?

Und dann steig ich grollend nieder
In des Kellers tiefste Tiefe,
Liege mit geschlossnen Augen
Auf dem Faß als ob ich schliefe.

Doch mein Freund, der Kellermeister,
Weiß es, daß ich denk und dichte –
Ich erzählt ihm meiner Liebe
Unglückselige Geschichte.

Für den Menschen, der eine einseitig den Geist bearbeitende Erziehung erhalten, gibt es keine größere Genugtuung, als wenn er etwas schaffen kann »mit seiner Hand«. Und wenn es auch nur Weinabfüllen oder Fässerschwefeln und -reinigen war, ich war stolz darauf, daß ich solches einigermaßen zur Zufriedenheit ausfuhren konnte, und was »dat Ledder« anbelangt, so war ich stolzer auf meinen Schurz als einst auf die Kanonen.

Des alten Senft Hauptkeller befand sich einen Block von dem Hauskeller entfernt, und wenn wir beide, der andre Brillenmann und ich, mit fröhlichem Ansturm die Fässer die Straße hinab donnern ließen, so lachten die Mädchen des erwähnten Pensionats; aber es war ein liebenswürdiges Lachen, das mir heute nicht mehr zu teil wird, selbst wenn ich mein hochzeitlich Gewand trage.

Übrigens führte ich beim alten Senft so eine Art Doppel-Existenz, ungefähr wie das Volk Israel, das am Sabbath-Abend wenigstens in seiner ganzen Auserwähltheit sich fühlt; jeden Mittwoch Abend verwandelte sich der Kellerbursch in den Gentleman, der Knecht in den Gast. Das kam aber so: In den oberen Räumlichkeiten des Senftschen Hauses befand sich nämlich ein großer Parlor, dessen wunderschöner Carpet und dessen große, unmögliche Bilder, von einem »Vetter« gemalt, mir stets als der Inbegriff der Opulenz vor Augen stehen werden. In diesem Parlor tagte jeden Mittwochabend, oder besser -nacht, einer der gemütlichsten deutschen Klubs, die Baltimore gekannt, genannt »Zum guten Willen«. Der Klub war ziemlich international und eine Mischung der verschiedenartigsten Elemente. Da war der junge, reiche, mit der ganzen Arroganz seiner Heimat ausgestattete Bremer Kaufmann; da war der schwedische Uhrmacher, ein Koloß, gutmütig wie in Kind, aber Anfällen von Berserkerwut unterworfen, was der glatte Herr aus Bremen einmal zu seinem Schaden erfahren mußte; da war der italienische Handelsherr, der süddeutsche kleine Geschäftsmann, einige Professoren, ein alter Münchener Maler, die unvermeidlichen Versicherungsagenten und einige amerikanische Mediziner, die auf deutschen Universitäten studiert hatten.

In diesen Klub wurde ich, wiederum durch die gütige Vermittlung der Frau Kathinka, eingeführt, und da ich damals einige Talente besaß, welche zur »Gemütlichkeit« beitragen können, so machte man mich zum Ehrenmitglied. Und so ereignete es sich, daß in den Mittwoch-Nächten der Boss den Lehrjungen bedienen mußte, d. h. ich konnte es mir nicht versagen, wenigstens den ersten Schoppen immer beim Alten mit lauter Stimme zu bestellen. Der Klub ist schon längst aufgelöst, aber wir haben dort tolle und schöne Stunden verlebt, zumal da man am Sonntagabend gewöhnlich die Damen mitbrachte. Der alte Senft nahm vom »Guten Willen« ein schönes Stück Geld ein, aber, wie so ein echter Herbergsvater, hatte er immer etwas zu brummen und als man in einer schönen Nacht den Wasserhahnen offen gelassen hatte und dadurch eine totale Überschwemmung des teuren Parlors – das Wasser stand bis an die Tasten des Klaviers – bezweckt wurde, setzte er uns in seiner komischen Wut die Stühle buchstäblich vor die Türe, aber Frau Kathinka versorgte uns mit Wein, und wir kneipten fröhlich auf dem Trottoir, bis der Alte uns selber wieder hereinholte.

Um jene Zeit wurde mir eine Offenbarung zuteil, welche ich für die ganze Mormonenbibel samt einer methodistischen Seelenerleuchtung nicht austauschen würde, nämlich die Kenntnis, oder sagen wir vorerst das Studium der Fritz Reuterschen Werke. Einen glücklicheren Menschen hat nie ein Talglicht in einer Essigkammer beleuchtet!

Zu meiner Schande muß ich gestehen, daß ich damals auch mein erstes öffentliches literarisches Debüt mit einem Vers »An das Vaterland« im dortigen »*Wecker*« verübte. Ich erwähne hier nur eine Strophe, allerdings die dümmste:

> Ein Deutschland ist vom Rhein zum Belt,
> Und so beherrscht es leicht die Welt.
> Es fliegt sein Ruhm von Pol zu Pol,
> Erzittre, Frankreichs Capitol!

Das war im November 1870. Drei Jahre drauf schrieb ich unter das Manuscript: »Muß mit der damals grassierenden Krankheit entschuldigt werden.«

Und in einem etwas schwer zu bestimmenden Versmaß eine Ode:

An Karl Gieser, stud. theol.

Wie deine Tiefquart auf der Mensur
Stramm und schneidig die Luft durchpfiff,
hab ich gar oft am rebenumsäumten
Neckarstrande gesehn.

Aber nun glüht dir auf der Stirn
Wunde, empfangen im heiligen Kampf
Kühn anstürmender Vaterlandssöhne
Gegen des Galliers Macht.

Glücklicher Freund, auch deine Brust
Zieret das eiserne Ehrenkreuz.
Glückliche Mutter, die dich geboren,
Ach, und die glückliche Braut!

Kehrst du dereinst heim zu dem Sitz
Göttlicher Musen am Neckarstrand,
in Allemannias Zecherkreise
Blüht dir der schönste Empfang.

Soll dir der Ehre goldener Becher
Stets auf dem Tische bereit stehn,
Sollen dir dienen in sklavischer Demut
Scheuanblickende Füchse.

Ach, Freund Gieser ist nun schon längst wohlbestallter Pastor, und es fragt sich, ob ihm von der Begeisterung, welche ihm der Kellerbarde andichtete, noch etwas übrig geblieben ist.

Leider war die Vaterlands- und Kriegsbegeisterung nicht der einzige Unsinn, mit dem ich mich in jenen so glücklichen Tagen beschäftigen mußte; denn, da ja des Lebens ungemischte Freude keinem Sterblichen zu teil wird, so dräute mir damals das theologische Examen, welches ich im kommenden Frühling vor der hochwohllöblichen Classis der reformierten Synode in Maryland abzulegen hatte. Während ich dieses schreibe, blicken mich die aus Pietät auch mit in das Sanktum des *Armen Teufel* verpflanzten Bücher aus verstaubten Augen vorwurfsvoll an: Sudhoffs »Theologisches Handbuch zur Auslegung des Heidelberger Katechismus«, Guerickes Kirchen- und Ebrards Dogmengeschichte. Ich hab es redlich versucht, ihre Freundschaft zu gewinnen, aber dieser heidnische Homer und dieser leichtsinnige Fritz Reuter brachten mich immer wieder auf Abwege. Auch war ich leichtsinnig genug, trotz der heillosen Angst vor dem »Examen«, die ein deutsches Erbteil ist, das Studium auf den letzten Ochs- und Preßmonat zu konzentrieren. Hätte ich geahnt, wie man in Amerika Examina besteht, so hätte ich mir freilich die Sorgen ersparen können.

Ohne damals eine bestimmte religiöse Ansicht zu haben, und ohne in dem Pfarrhandwerk etwas Unehrenhaftes zu erblicken, hatte ich doch nichts weniger als Sehnsucht nach dem Weinberg des Herrn, der Weinkeller war mir lieber; und wer weiß, ob mir nicht der Wunsch Lessings: »ich will einst bei Ja und Nein vor dem Fasse sterben« erfüllt worden wäre, wenn mir nicht eines Tages Pastor Pistorius in einem Tone, der keine Widerrede duldete, angekündigt hätte: »Es ist Zeit, daß Sie sich auf Ihre erste Predigt vorbereiten, und da wirds doch nicht gut angehen, daß Sie länger in diesem Geschäft bleiben.« So gings immer im Leben, ich wurde immer in mein Schicksal hineingeschoben, und ich habe darum unter dem beständigen Eindruck des Geschobenwerdens auch niemals recht an das Schieben glauben können.

Niemand ging unlieber als ich, und niemand war froher als der alte Senft, daß er endlich seinen Studenten auf eine anständige Manier los wurde. Gott verdoppelt! – Aber ehe ich in meinen Erinnerungen dieses Haus offiziell verlasse, das mich später noch so oft gastlich aufnahm, will ich doch noch einen Kellerspaß erzählen, der so recht ein Ausdruck jener Zigeunerfröhlichkeit war.

Der alte Senft hatte, wie schon bemerkt, allerhand Schrullen, die komischste davon aber war, daß er glaubte, uns, den »Schtudenten«, das Maul verbinden zu können, indem er uns die Gläser aus dem Keller fortnahm. Es befand sich nämlich auch in diesem, wie in jedem echten und gerechten Keller ein Gesims, auf dem sich jeweils ein altes Messer, etwas Schwarzbrot, Rettich und ein Weinglas vorfand. Kam nun der alte Senft in den Keller, so ließ er regelmäßig – unbemerkt, wie er glaubte – das Glas in seiner Tasche verschwinden. Dabei war aber das Schönste, daß wir, abgesehen von Stechheber und Schlauch, die man doch auch anzuwenden versteht, die Kisten mit den verschiedensten Sorten von Gläsern im Keller selbst hatten, so daß wir nach jedem diebischen Besuche des Alten den Verlust prompt ersetzen konnten. Eines Tages erhielten wir eine neue Sendung Champagner, und mein Kollege Julius kündigte mir feierlich an, daß wir unbedingt unser Gutachten über den Stoff abgeben und zu diesem Zweck unsern heutigen Frühschoppen in Sekt abhalten müßten. Da ich diesem Vorschlag zur Güte nicht abgeneigt war, so wurden die Champagnerkelche ausgepackt, vorsichtig löste man die Fesseln, welche, um den Silberkopf geschlungen, einen der hunderttausend Teufel in Gefangenschaft hielten, und mit jener frohen Spannung, welche dem Neuling im Sekttrinken immer eigen ist, warteten wir auf die Selbstbefreiung unseres Pipifax. Da knarrt die Türe, da seufzt die Treppe und unser Alter schaufelt zu einem seiner Visitationsgänge in den Keller herab. Blitzschnell verschwanden Flasche und Gläser, aber die frohe Spannung hatte banger Erwartung Platz gemacht, die dem Platzen der feindlichen Bombe vorhergeht. Wenn nun dieser Teufel ein boshafter gewesen wäre und seinem Freiheitsdrang gerade jetzt Genüge geleistet hätte, in welche Verlegenheit hätte er uns arme Teufel gebracht! Wir hielten beide den Atem an und aus meiner Seele stieg ein Stoßgebet zu dem in solchen Nöten so hilfreichen heiligen Veit von Staffelstein empor. Der Alte schlurfte durch den Keller, klopfte an einige Fässer, ließ das kommune Weinglas in seiner Tasche verschwinden, stieg die Treppe wieder hinauf, und erst als die Tür donnernd ins Schloß fiel, fuhr auch der Pfropfen mit Triumphknall aus der Flasche empor. Wir waren gerettet, und mit gerührtem und dankbarem Herzen genossen wir den perlenden Wein.

Auf der Kanzel

Die erste Predigt! – Die erste Mensur, die erste Schlacht, die erste Liebeserklärung, der erste Katzenjammer – alles Kinderspiel gegen die erste Predigt. Ich hatte wohl schon bei den Examina Gedichte vorgetragen, manchen Salamander dirigiert und in manchem Rundgesang vorgesungen, aber auf einer Kanzel stehn, im schwarzen Talar mit den lang herabhängenden Ärmeln, der Mittelpunkt sämtlicher klug prüfenden, dumm glotzenden, mutwilligen und andächtigen Augen, und so das Wort Gottes verkünden – ich wünsche meinem schlimmsten Feind die Traumgesichter nicht, die ich in den dieser Predigt vorausgehenden Nächten erduldet hatte! Mein Mentor Pistorius sorgte allerdings dafür, daß ein allenfallsiges Durchfallen meinerseits für die Kirche nicht von zu unangenehmen Folgen begleitet sei, er bestimmte nämlich den Abendgottesdienst, der immer spärlich besucht war, für mein erstes Auftreten.

Die Ratschläge, welche mir dieser Prediger des Worts zur Gelegenheit gab, waren allerdings nicht sehr christliche, aber, wie ich später eingesehen habe, sehr vernünftige. Vor allen Dingen, sagte er mir, machen Sie's kurz! Um die Zuhörer kümmern Sie sich gar nicht, nehmen Sie an, daß Sie zu lauter Stockfischen sprechen, aber leisten Sie um Ihrer selbst und um der Sache Willen das Beste.

Das Thema, resp. den Text, überließ er mir glücklicherweise. Und so suchte ich denn in meinem religiösen Gedächtnis nach etwas, das auf mich einen besonderen Eindruck machte. Und ich dachte an meine Mutter, die auf eine Million verzichtet hätte, wenn sie meine erste Predigt erlebt hätte; sie las lieber in ihrem Schiller oder zum religiösen Hausgebrauch in ihrem *Witschel*; aber ich erinnerte mich einer tieftraurigen Stunde, da die Kranke, Verzweifelnde ihre arme Hoffnung in die stolzes Vertrauen atmenden Worte kleidete: »Und ob ich schon wanderte im finstern Tal, fürchte ich kein Unglück: denn du bist bei mir, dein Stecken und Stab trösten mich« – und ich nahm den 23. Psalm zum Text meiner ersten Predigt.

Eine ganze Anzahl Eselsbrücken waren mir zur Verfügung gestellt; aber ich glaube, ich habe doch eine ziemlich selbständige Arbeit geliefert; und das kann ja einem einigermaßen mit Phantasie begabten Menschen bei einem solchen Text auch nicht schwer werden. Ich brachte das sorgfältig ausgearbeitete Manuskript meinem Mentor, der aber schien großes Zutrauen in mich zu setzen; er gab mir die Predigt ungelesen zurück. Und so hätte ich damals schon, falls ich schon so weit gediehen gewesen wäre, die schönsten Ketzereien von der Kanzel verkündigen können. Es war aber eine wirklich schöne (ein damaliger Mit-Kandidat erklärte sie für das Beste, was er je gelesen, obgleich sie ihm heute ebenso kindlich vorkommen würde wie mir) poetische Predigt, ich lernte sie tapfer auswendig, rekapitulierte sie, wo ich ging und stand, und ich fand mich eines Sonntag Abends, statt fröhlichen Muts im Senftschen Parlor, wo ich hingehörte, klopfenden Herzens in der Kirche der »Ersten Reformierten Gemeinde« von Baltimore ein, wo ich nicht hingehörte, und die mir in jenen Augenblicken mindestens so groß vorkam wie das Münster in Freiburg.

Um »einen besseren Eindruck zu machen«, und namentlich um die etwas defekte Herrlichkeit meines eigenen Gottestischrockes zu ersetzen, wurde mir der eigenhändige Talar meines Pistorius um die Lenden gegürtet. Nur einen kleinen Spickzettel mit ungefähr zehn Anfangsworten betreffender Hauptperioden hatte ich krampfhaft in die Hand geschlossen; die Predigt selber war meinem Gehirn, so lang ich dem Altargottesdienst mit anmutiger Würde, daß Gott erbarm! beiwohnen mußte, vollständig entflohen. Erst auf der Kanzel, als der mitleidige Pistorius einige überflüssige »Gesangbuchverse« singen ließ und selber ein außergewöhnlich langes Gebet losließ, kam mir alles wieder zum Bewußtsein; und trotzdem es mir vor den Augen dunkelte, war es doch ein gewisses Siegesgefühl, das mich beseelte, als ich mit deutlicher Stimme meinen Sermon begann: »In Christo Jesu, geliebte Gemeinde!«

In demselben Augenblick aber schwand das Dunkel von meinen Augen, und jedes der anwesenden Gesichter bohrte sich ordentlich mit schmerzhafter Deutlichkeit in die Netzhäute ein. Mir unbekannte und gleichgültige Gesichter; wenn nur nicht die zwei ersten Bänke gewesen wären, auf denen saßen die Herren vom »Guten Willen« und die Mitglieder des edeln Vereins der »Sumpfmaier«!

Die »Sumpfmaier«, das war die zweite »Couleur«, welcher ich mich in Baltimore anschloß und die zum Glück für die Beteiligten (der Name sagt genug wohl schon) nur kurze Zeit bestand. Jugendliche, von deutschen Konservatorien eben zurückgekehrte Musikanten mit ungeheuren Erwartungen und ungeheurem Durst, verdorbene Gymnasiasten und Studenten, das waren die Elemente, aus denen die Sumpfmaier sich rekrutierten. Mit Sorgfalt hatte ich ihnen sowohl wie dem »Guten Willen« verheimlicht, an welchem Sonntag mein erstes Auftreten stattfinden sollte; und nun saßen sie doch da, teils elegant und mit Würde, teils mit struppigen Haaren, kühnen Schnurrbärten, flegelhaften Attitüden und Hohn grinsenden Gesichtern. Nur einige Sekunden brauchte es, nicht mehr als eine anständige Pause nach der Anrede ausfüllen, um mich mit der Sachlage vertraut zu machen, und gerade vor dieser Gesellschaft meinem Ehrgeiz einen mächtigen Ruck zu geben; und ohne Stocken floß der Strom meiner Rede. – Ich vermute jetzt, daß ich weniger an dem Erfolg schuld war, als der alte Christengott selber, der sich eine neue Blamage ersparen wollte.

Ich sage nichts weiter über die Predigt, als daß es mir gelang, den Hohn von diesen Gesichtern zu vertreiben, daß eine alte Frau mit dem Taschentuch im Gesicht herumhantierte und daß mir ein Kirchenrat nach Beendigung des Gottesdienstes sagte: Sie können natürlich nicht so predigen wie unser Herr Pastor, aber Sie haben Ihre Sache gut gemacht. Du lieber Gott! selbst das nahm ich damals für ein Kompliment, trotzdem Pistorius einer der trocken-traurigsten und unerbaulichsten Prediger war, die ich jemals gehört.

Ich darf nicht verschweigen, daß ich noch in derselben Nacht, nachdem ich mit dem Pastor ein ehrbares Schöpplein getrunken und Müdigkeit vorgeschützt hatte, einem riesigen Jubel- und Triumphkommers der Sumpfmaierei beiwohnte und den *Cerevis*-Farben: Braun-Weiß-Gold alle Ehre antat.

Ehe ich hier zu der Schilderung meiner damaligen ökonomischen Lebenslage übergehe, welche durch das Verlassen der Senftschen Fleischtöpfe und Fässer wieder bedenklich am Boden hinkroch, muß ich doch den ersten und bis jetzt einzigen Fall berichten, in dem ich mich auf einer Kanzel- oder Rednerbühne durch Steckenbleiben blamiert habe. Der bisher aufmerksame Leser wird sofort ahnen, daß die dunkeln Mächte der Sumpfmaierei ins Spiel kamen; und so war es auch. Die »lustige Gesellschaft«, in welche mich der jedem Deutschen zur Seite gehende mephistophelische Engel gebracht, ließ mich nicht so ungestraft aus ihren Klauen entrinnen.

Es handelte sich um die dritte Predigt. Ich fühlte mich schon etwas sicher, ach! zu sicher; und ebenfalls einer alten Liebe folgend, hatte ich mir als Text das 13. Kapitel des ersten Korinther-Briefs gewählt, jene ewige und erhabene Schilderung der göttlichen Kraft der Liebe in selbstlosen Menschenherzen: »Wenn ich mit Menschen- und Engelzungen redete und hätte der Liebe nicht, so wäre ich ein tönend Erz oder eine klingende Schelle.« Das Manuskript war wohl gelungen und trefflich einstudiert. Ich will hier gleich bemerken, daß ich, trotzdem ich mich in dieser Beziehung eines gewissen Rufes erfreue, niemals ein »Redner« war. Die geistige Kraft, direkt aus dem Born des Innern zu produzieren, das dazu gehörige Gedächtnis und die Geistesgegenwart haben mir immer gefehlt. Ich mußte vielmehr das, was ich niedergeschrieben, wörtlich auswendig lernen. Darin aber, in der Fähigkeit des mechanischen Gedächtnisses, war ich ziemlich gut beschlagen, ein »Und nun« oder »Hiermit, geliebte Anwesende« oder auch nur ein eigentümlicher Schriftzug auf ein kleines Zettelchen notiert, brachten mich für ganze Abschnitte der Predigt auf den Trab. Späterhin, als Pfarrer, pflegte ich Samstag Nacht so etwa um zehn Uhr mit dem Niederschreiben der Predigt zu beginnen und hatte sie durchschnittlich des Morgens um sechs Uhr im Kopfe. Noch später machte ich mir die Sache bequemer und benützte das Manuskript; ich fand, und, soviel ich weiß, fand es manches Auditorium in den Vereinigten Staaten, daß ich so am besten mit ganzer Seele, also doch eigentlich frei sprechen konnte. Ich habe übrigens in meinem Leben nur einen einzigen Redner gehört, der, ohne Manuskript redend, nicht in Wiederholungen und Trivialitäten geriet oder bisweilen gar den ängstlichen Eindruck verursachte, daß der Zuhörer ihm helfen müsse, dieser einzige war nicht etwa *Karl Schurz* oder *Ingersoll* – viel Spreu im Weizen! – sondern *Wendell Phillips*. So muß Demosthenes gesprochen haben!

Ich komme nach dieser Abschweifung auf meine dritte Predigt zurück. Sie fand ebenfalls an einem Sonntagabend statt. Wäre ich, wie es die heilige Ordnung vorschreibt, den Tag über im stillen Kämmerlein gewesen, so wäre alles gut gewesen, so aber sprach der Versucher zu mir: Siehe, du hast wacker gearbeitet, bist deiner Sache sicher und darfst dir wohl bei der heutigen Nachmittagskneipe der Sumpfmaierei einen Schoppen erlauben. Da bekanntlich das Laster öfter triumphiert als die Tugend, so ging ich. Ich schwöre es, daß ich außer den offiziellen Salamandern und den absolut unerläßlichen Kommentschoppen ein Muster von Kandidaten-Mäßigkeit darbot; ich hatte auch noch eine Stunde zur direkten Vorbereitung übrig und benützte sie – und doch – alle Schuld rächt sich auf Erden!

Als ich an jenem Abend die Kanzel betrat, als ich mit der notwendigen *captatio benevolentiae* (bei Tischreden: Unvorbereitet wie ich bin) zu Ende war, liefen mir auf einmal die Gedanken wirr durcheinander, der Angstschweiß trübte mir die Augen, so daß ich nicht einmal die Zeichen des Spickzettels mehr sehen konnte, und wie die Stimme des Weltgerichts ertönte mir das gelispelte »weiter! weiter!« des hinter mir in der Kanzel sitzenden Pistorius. So stotterte ich denn noch einige Sätze von der wunderbaren, von der ganz außerordentlichen, der ganz unbegreiflichen Macht der Liebe, die mich doch jetzt so schnöd im Stich ließ, geriet mitten in den schönen Periodenbau eines zweiten Teils, warf einige Sätze des Schlusses dazwischen, verstand endlich den hinter mir sitzenden Pastor, der mir immer energischer zuflüsterte: »hören Sie auf!« und schloß mit einem ganz plötzlichen, ungerechtfertigten und sehr zerknirschten »Amen!« Die ganze Affaire hatte vielleicht sechs Minuten gedauert, aber daß mir nicht damals schon die Haare grau wurden, halte ich heute noch für ein Wunder.

Ein Glück war es, daß die Zechbrüder sich nicht hatten von ihrem *Convivium* trennen können, daß überhaupt nur einige alte Frauen und Kindlein in der Kirche anwesend waren, und daß solchermaßen wohl niemand die Blamage gemerkt hatte als ich und Pistorius. Zu meiner großen Erleichterung schien sich der letztere gar nichts daraus zu machen. Er meinte, das müsse jedem einmal passieren, und die Hauptsache sei immer, zur rechten Zeit Amen zu sagen. Ich habe ihn jetzt im Verdacht, daß ihm die Abkürzung nicht unangenehm war, da er meine Begleitung ablehnte und seine eilenden Schritte nach einer Richtung hinlenkte, die nicht nach seinem Pfarrhaus führte.

Diese Predigt habe ich später noch mehr als einmal in verbesserter Auflage gehalten; und es wollte mich manchmal bedünken, als ob die zu mir aufschauenden glänzenden Augen gar nicht schwer zu überzeugen waren, daß unter allen Weissagungen und Geheimnissen und aller Hoffnung und allem Glauben die Liebe das Größte ist. Wie wurde es mir möglich, als Kandidat mein Leben zu fristen vom September 1870 bis zum Mai 1871? Ja, da muß ich erst eine Geschichte erzählen, eine Geschichte, welche von dem ewig unzerstörbaren Diamant der menschlichen Güte berichtet, der umso herrlicher leuchtet, je ärmlicher seine Fassung ist.

Voll Frühlingshoffnungen waren sie herübergekommen, das jugendlich schöne Paar, er ein wohlhabender, hochgebildeter Bürgersohn, der um der Freiheit willen Gut und Vaterland hinter sich gelassen, sie eine Tochter eines jener gastfreien schwäbischen Pfarrhäuser, wie *Ottilie Wildermuth* sie so prächtig geschildert. Da kam der böse Thanatos und erschlug den Mann, als er kaum die Schwelle dieses Landes betreten. In dem Dachzimmer eines Baltimorer Hotels lag sie und rückte in bittern Schmerzen ihr Erstgeborenes an die Brust. Das Geld war ausgegangen, es fehlte am Arzt, es fehlte an der Nahrung, und der Wirt machte schon sehr deutliche Anspielungen, daß es Zeit sei, sich nach andrem Quartier umzusehen. In demselben Hause wohnte ein armer Schneidergeselle. Zu Hause ein uneheliches Kind einer Dienstmagd, deren Schatz zu arm war, um heiraten zu dürfen, verachtet, verhöhnt, umhergestoßen, war für ihn Amerika wirklich das Land der Verheißung geworden. Hier war er Mensch, hier verdiente er in einer Woche soviel wie draußen in drei Monaten, hier lernte er die Freuden des Lebens kennen. Der hörte von der unglücklichen, verlassenen Frau, der war der Einzige, der sich ihrer annahm und den Lohn seiner Arbeit ihr zur Verfügung stellte. Könnt ihr euch das Ende denken? Die Beiden heirateten sich, die Witwe und der Schneider; unter armen Leuten geht es einmal nicht gut anders; aber was schöner ist und wunderselten: die Ehe wurde eine durchaus glückliche und mustergültige. Arm blieben sie freilich, wenn auch nicht an Kindern; mein Freund – nennen wir ihn Fritz – lernte es nie begreifen, daß man in der Woche arbeiten soll, um am Sonntag in die Kirche zu gehn und zu sparen, er mußte ab und zu sein Faß Bier haben, ja als echter Nürnberger durfte ihm kein Tag vergehen ohne das geliebte vaterländische Getränk, sein gutes Essen, seinen Ausflug am Sonntag, sein Theater, und was unser Herrgott sonst Gutes auf Erden wachsen läßt. Nichts aber gab es, was in dieser Familie nicht gemeinsam genossen wurde, ja man kannte fast nie ein Vergnügen, an dem nicht noch ein andrer armer Teufel hätte teilnehmen müssen.

War die Frau von Haus aus gebildeter, so war in der vernachlässigten, roh mißhandelten Seele des Schneiders der Funken des Idealen niemals erloschen. In dem Häuschen, wo den Tag über die Nadel nur so flog, feierte man jeden Sieg der Freiheit, begeisterte man sich an den Werken unserer Denker und Dichter und sang man die fröhlichsten Lieder.

Es ist eigentümlich, daß mit dieser Sorte Armut, mit dieser glücklichen Armut immer auch der größte Sinn für Gastfreundschaft verbunden ist. Die Schneidersfamilie hatte immer so einen unglücklichen Grünen mit durchzuschleppen, und durch Vermittlung – man weiß ja, wie es geht, einer sagts dem andren – geriet auch ich unter ihre Fittiche und – war für den Winter geborgen.

Die Herren Pfarrer wittern so einen Kandidaten wie die Raben das Aas, und bald gab es gelegentliche »Jobs«, welche leider vorläufig »for the love of God«, d. h. ohne Cash absolviert werden mußten. Ich werde von diesen Stellvertretungstaten manches Ergötzliche zu erzählen haben. Für heute nur eine Kleinigkeit, welche ein merkwürdiges Streiflicht auf die theologische Moral wirft.

Ein gewisser Pastor Maier, ein sehr salbungsvoller Herr, ließ mich eines Tages holen und bat mich, für ihn Betstunde zu halten, da er unpäßlich sei. Er hatte die vernünftige Idee, mir mit etwas Wein den Mut zu stärken, aber dümmer bin ich mir in meinem Leben noch nie vorgekommen, als unter jenen alten Weibern, denen ich was vorbeten sollte und die es sehr sonderbar fanden, daß ich mich nicht auf die Knie niederwarf. Eine Predigt zu halten, habe ich ganz gut gelernt, aber länger als drei Minuten zu beten, habe ich nie fertig gebracht. Ich half mir damals wie später öfters damit, daß ich die Andächtigen singen ließ, bis sie schwarz wurden.

Der Herr Pastor Maier hatte seine Familie mit in die Betstunde geschickt – er hatte eine sehr schöne Tochter, die sich einige Zeit darauf das Bordell zur Heimat erkor – wie es später ruchbar und in allen Zeitungen verhandelt wurde, pflege der fromme Herr während der Abwesenheit der Familie in der Betstunde die Besuche besonders trostbedürftiger Damen zu empfangen. – Er starb aber doch im Geruche der Heiligkeit, der gute Maier.

Einer unter den Pastoren, welche mich damals mit zeitweiliger Stellvertretung beglückten, war mir besonders günstig gesinnt. Er hieß Veit – und es war ein sehr langer Veit, der vergeblich unter einem spärlichen Bart eine *Marburger Abfuhr* zu verstecken versuchte. Als ich das erstemal die Ehre hatte, in seiner Kirche, wenn ich nicht irre, war sie dem heiligen Markus zu Ehren gebaut, zu predigen, wäre mir fast ein großes Unglück passiert. Ich war nämlich gekleidet in den Chorrock des Pastors, und da mir derselbe um einen Fuß zu lang war, so verwickelte ich mich bei dem Ersteigen der hohen Kanzeltreppe mit den Füßen darin und wäre rücklings hinuntergestürzt, wenn nicht die Vorsehung in Gestalt des langen Pastors hinter mir drein gegangen und mich in liebenden Armen empfangen hätte. Später pflegte ich die überflüssige Länge des Talars über den Arm zu schlagen, wie es die Damen bisweilen mit ihrer Schleppe tun, und das muß sehr niedlich ausgesehen haben.

Derselbe Veit war es, welcher mir zuerst die Aussicht auf eine glänzende Zukunft eröffnete. Rev. Veit besorgte nämlich außer seiner Kirche in der Stadt auch noch eine kleine Landgemeinde an der sogenannten Belair-Road, zu der er alle vierzehn Tage hinauszufahren pflegte. Das war ihm aber, wie man sagte, zu beschwerlich geworden, und er meinte, das könne etwas für mich sein. So trat ich denn an einem Sonntag meine erste sehr denkwürdige Missionsreise an. Die Entfernung betrug etwa zehn Meilen, und man hatte mir daher ein Fuhrwerk besorgt. Aber dem Pferd sah man es an, daß es ein Pferd um Gotteswillen war; ich glaubte kaum, daß es lebendig wieder heim kommen würde. Der Weg war steil und entsetzlich schmutzig, und ich mußte mit meinem Begleiter – dem Sohn meines wackern Hauswirts die Hälfte Zeit den Wagen schieben helfen. Endlich erblickte ich ein einsames Kirchlein am Wege, und davor saßen wie Raben auf der *Fenz* die erwartungsvollen Andächtigen. Der Gottesdienst begann. Ein musikalisches Instrument war nicht vorhanden, und das Gesangbuch, das sie da eingeführt hatten, war ein mir gänzlich fremdes, in dem ich kein einziges bekanntes Lied finden konnte. Nun, dachte ich, die Leute werden ja wohl ihre Lieder kennen, gab also irgend eine Nummer, las die erste Strophe vor und erwartete nun den Gesang der Gemeinde; die aber wartete auf mich. Der Schweiß begann mir über das Angesicht zu laufen, die Sache wurde kritisch, und schließlich sah ich mich dazu gezwungen, irgendeinen Ton anzugeben und kühn darauf loszusingen. Die Melodie, die ich damals aus dem Stegreif komponierte, muß eine herrliche gewesen sein. Wenn ich dachte, lange genug in der Höhe gewesen zu sein, ging ich herunter; dann wieder eine Oktave hinauf und so weiter da capo mit Grazie. Aber meine Andächtigen sangen mit, brüllten mit, immer wacker drauf los, es war ein Tonstück, wie es die Verdammten in der Hölle nicht schauerlicher produzieren könnten.

Aber auch das, ja sogar die verbesserte und vermehrte Auflage am Schlusse des Gottesdienstes wurde überstanden, und wir schienen trotz alledem Gefallen aneinander gefunden zu haben. Der Kirchenrat sprach sich in anerkennender Weise aus, und ich wollte schon meine Rosinante wieder anspannen lassen, da trat ein Mann zu mir mit der Bitte, an seinem Kinde die heilige Taufe zu vollziehen. Das brachte mich in nicht geringe Verlegenheit; hatte ich doch seit meiner eigenen Aufnahme in die Christenheit keiner Taufhandlung beigewohnt, und von dorther nur noch eine sehr dunkle Erinnerung von dreimaligem Wasseraufgießen im Namen des Vaters, des Sohnes und des heil. Geistes. Ich ließ mir aber meine Schwäche natürlich nicht anmerken, sondern fragte den Mann mit Amtsmiene, ob er eine Bibel im Haus habe. Der Unglückliche hatte keine; es mußte also die große Bibel aus der Kirche mitgeschleppt werden, damit ich doch wenigstens etwas vorlesen konnte. Der Täufling wurde gebracht, ich verlas ein Dutzend Bibelsprüche; schüttete dann eine ganze Schüssel voll Wasser in drei Abteilungen über das unglückliche Wurm, ich wollte die Sache nämlich gründlich besorgen, und hielt dann, um ein Übriges zu tun, noch eine eindringliche Rede an die Mutter, worin viel von dem »Kinde deines Herzens«, »Verantwortlichkeit Gott gegenüber«, »die Mutter ist die wahre Erzieherin des Kindes« und dgl. Dingen die Rede war. Entdeckte aber, als alles vorüber war, zu meinem Entsetzen, daß diejenige, der ich so schön vorgepredigt, die Großmutter gewesen war, während die Mutter in einem Winkel ein zweites, kaum zwei Monate altes Baby stillte. Nun, ich tröstete mich, daß die Verwechslung wenigstens keine so schlimme gewesen, als wenn ich etwa die Mutter als Großmutter angeredet hätte. Der glückliche Vater forderte mich hierauf auf, ein Glas Bier zu trinken, aber siehe da, die biedern Landleute hatten schon vor dem Fest ein Übriges getan, und dem Fäßchen ließen sich nur noch einige trübe Tropfen abnötigen, die mir wie Reuetränen über vergangene Herrlichkeit vorkamen. Der Kirchenrat honorierte mich für die Predigt mit zwei Dollars, der glückliche Vater mit 50 Cents. Hurrah! Erster Verdienst im Dienste des Herrn!

Noch öfters hatte ich das Vergnügen, mit jenen harmlosen Landleuten, welche die Kultur noch sehr wenig beleckt hatte, zu verkehren; und wir kamen überein, daß ich die Stelle haben solle, mit einem Gehalt von zweihundert Dollars jährlich, wozu mir aber Beköstigung, Wohnung und Kleider frei geliefert werden sollten. Es war eine schauderhafte, traurige Gegend, und die Menschen standen auf einer sehr niedrigen Stufe; aber ich hätte mich doch freudig der Aufgabe gewidmet, wenn es nicht plötzlich dem langen Pastor eingefallen wäre, daß er eigentlich die paar Dollars wie bisher so auch künftighin selber verdienen könne.

Derartigen Pfaffenkniffen bin ich mehr als einmal zum Opfer gefallen.

Zu dieser ersten Taufe war ich, wie ich später erfuhr, als unordinierter Kandidat gar nicht berechtigt gewesen. Hoffen wir, daß der Täufling darum nicht weniger die Segnungen seines Heilands genossen hat.

Bei dieser Gelegenheit fällt mir eine andre urkomische Verwechslung ein, welche mir einige Jahre später bei einer Trauung passierte. Man hatte mich nach einem Bauernhause in der Umgegend Washingtons berufen, um zwei liebende Herzen gesetzlich glücklich zu machen. Dort angekommen, versuchte man mir das Leben so angenehm wie möglich zu machen. Der bekannte Kaffeekuchen mit Rosinen, blutwarmer Gerstensaft und in Maryland gezogene echte Pfälzer Havannas spielten dabei die Hauptrolle. Endlich, als die Unterhaltung etwas ins Stocken kam, fragte ich: Aber wo ist denn das Brautpaar? Ja so, sagte der Bauer, mir sein änihau fertig, ging in die Kammer und holte ein hochzeitlich geschmücktes Mägdelein, dem aber sichtlich der Myrtenkranz nicht geblieben war. Aha, dachte ich als gewiegter Menschenkenner, reicher Bauer, Witwer, Haushälterin, Zwangsheirat, mir kanns recht sein, und legte los. Als ich aber nach kurzem Sermon, in welchem den beiden gar beweglich ans Herz gelegt wurde, »welch wichtigen Schritt sie zu begehen im Begriff standen«, dem Bauer die verhängnisvolle Frage vorlegte: Wollen Sie die hier Anwesende etc. – da gab sich unter der kleinen Gruppe eine seltsame Bewegung kund, die Linie öffnete sich, und aus dem Hintergrund schob man einen Jüngling in schwarzem Rock vor, ein blumengeschmücktes Opfer, das augenscheinlich nicht recht wollte. Das also war der Bräutigam – und ich hatte die ganze Zeit zum Vater der Braut gesprochen!

Die Ehe wurde geschlossen, aber wie es scheint nicht im Himmel; denn als nach vier Wochen ein Kindlein das Licht der Welt erblickte, da war es, wenn der Mensch Pech hat, nacht-pech-rabenschwarz; und da die Unglückselige, obgleich sie Maria hieß, nicht schlau genug war, einen äthiopischen »Heiligen Geist« vorzuschützen, so wurde wegen misplaced affection die Trennung ausgesprochen.

Da ich in lustige Pfarrgeschichten hineingeraten bin, so will ich, da wir doch so jung nicht wieder zusammen kommen, gleich noch einige erzählen; der trübe Hintergrund wird später, wenn ich meine geistige Entwicklung in jenen zwei »geistlichen« Jahren zu schildern habe, immer noch genügend zur Geltung kommen.

Ganz im Beginn meiner Amtstätigkeit in Washington wurde ich an einem schönen Sonntagnachmittag in das Haus eines kürzlich eingewanderten Schotten geholt, um daselbst eine Kindtaufe zu vollziehen. Das brachte mich in arge Verlegenheit, denn mein Englisch, auf das ich in Deutschland so stolz gewesen war, hatte sich hier als äußerst unbrauchbar erwiesen. Ich protestierte aber vergebens, der Schotte, dem irgendjemand weisgemacht hatte, daß ich der einzige und echte Vertreter der calvinischen Prädestinations-Theorie in Washington sei, erklärte sich damit zufrieden, daß die Zeremonie in deutscher Sprache vorgenommen werde. Es waren so recht gesunde rotbackige blauäugige Highland-laddies und lassies, wie sie *Robert Burns* für alle Zeiten verewigt hat. Die andächtige Scheu auf den frischen Gesichtern der Mutter, Schwestern und Schwägerinnen, mit denen ich lieber ein Pfänderspiel arrangiert hätte, war rührend; und als ich so den Leuten in einer ihnen vollständig fremden Sprache etwas vorpredigte und mir unwillkürlich der Gedanke durch den Sinn schoß: eine Biermesse würde hier dieselben Dienste tun, mußte ich mir alle Gewalt antun, um nicht von der Komik der Situation überwältigt zu werden. Welche Gedanken mögen wohl in den Schädeln der katholischen Kollegen auftauchen, die jahraus jahrein den Leuten den lateinischen Unsinn vorplappern! – Nach der Taufe winkte der junge Ehemann mit geheimnisvoller Miene in ein Seitengemach; und nachdem er sich erst mittelst Gebärdensprache versicherte, daß ich nicht zu den *Teetotalers* zählte, erschien prompt eine Riesenkaraffe mit Whiskey, der noch im Vaterland über der blauen See das Licht der Welt erblickt hatte und von außerordentlich guter Qualität war. Wir unterhielten uns vermittelst dieses Mediums ganz prächtig; mir war es manchmal, wenn ich den Mann sprechen hörte, zu Mut wie einem Berliner, der sich von einem Schwarzwälder etwas vorerzählen läßt, und was er aus meinem Englisch gemacht hat, muß er selber am besten wissen. Die Gesellschaft im Vorderzimmer war, nachdem einmal die Heiligkeit vorüber war, sehr munter geworden, und als ich mir von den Mädchen beim Abschied als Wegzehrung e Schmützli (ein Mäulchen, wie Goethe sagt) mitnahm, hatte niemand etwas dagegen einzuwenden. Ach, jene Augen werden jetzt auch schon nicht mehr so glänzen, und der Kummer hat gewiß schon Furchen in jene apfelfrischen Wangen gegraben!

*

In Washington lebte ein Mann, dem sich Gottes Segen in Gestalt von sieben Kindern geoffenbart hatte; diese sieben Kinder waren – entsetzlich! – alle nicht getauft. Der Mann war freisinnig, aber der Frau ihrer Tante ihrer Schwägerin ihre Freundin konnte so gottlose Zucht nicht länger mit ansehen, und da der Frau ihrer Tante ihrer Schwägerin ihre Freundin immer Recht behält – so erschien eines Tages der Sünder mit zerknirschter Miene und bestellte mich zur siebenfältigen Taufe. Da hab ich aber einen durchaus verstockten Kindskopf kennen gelernt. Einer der Kleinen nämlich, ein Kerlchen von etwa fünf Jahren, hatte sich, als die heilige Handlung beginnen sollte, unter den Tisch verschanzt und war weder durch Drohungen noch durch Schmeicheleien hervorzukriegen. Es wurden ihm Prügel in Aussicht gestellt, man bot ihm einen nagelneuen Cent, Candy, man versprach ihm ein Schaukelpferd, half alles nichts. Dieser Knabe wollte nun einmal absolut nicht zu den Kindlein gehören, die zu Jesus kommen. Ein orthodoxer Kollege hätte in solchem Falle unbedingt den Teufel gerochen, mir aber – ich hatte nämlich selber immer, auch in jenen Jahren, einen inneren Widerwillen gegen Zeremonien – machte der Junge Spaß. Ich machte der Mutter klar, daß ja das Wasser doch nur Nebensache sei – »Wasser tuts freilich nicht« – daß ihn der Segen auch unter dem Tische erreichen werde und daß man ihn vollberechtigt mit den andern ins Kirchenbuch einschreiben werde. Und so geschahs. Der Junge setzte seinen Willen durch, und – hoffentlich ist ein recht tüchtiger Heide aus ihm geworden.

*

Es hatte ein Knab ein Mägdelein lieb, aber wie's halt so geht, ans Heiraten dachten sie zu spät. Er war Soldat und sollte ins falsche Welschland (in diesem Falle New Mexico) reiten; da mußte denn doch der Bund erst noch geschlossen sein. Die Trauung fand bei dem jovialen Wirt Bacchus statt, der gewiß manchem alten Kriegskameraden noch in Erinnerung ist, oder wenn nicht er, so doch gewiß seine Frau, die weiland »schöne Anna«, welche, wie Heines Marketenderin, in der Auswahl der Waffengattungen durchaus nicht einseitig war. Der junge Mann reiste sofort nach der Trauung ab, die junge Frau zog sich eines Unwohlseins halber zurück, die Zeugen aber philosophierten bei einigen Flaschen Niersteiner. Da, in der Mitternachtsstunde, erschien Frau Anna mit glücklich strahlendem Gesicht: »Meine Herrn, 's ist alles in Ordnung, ein prächtiger, gesunder Junge und die Mutter befindet sich den Umständen gemäß wohl.« Jetzt konnte auch gleich getauft werden! Eine Kneiperei, die von der Hochzeit bis zur Kindstaufe sich ausdehnt, müßte selbst dem wackeren *Rodensteiner* imponiert haben.

*

Als ich kurz vor der Probepredigt in Washington einige Tage bei Pastor Pistorius logierte, erhielt ich als Bettgenoß einen aus Ohio zugereisten Pfarrer, der sich auf einer Kollektionstour für seine zu erbauende Kirche in Baltimore befand. Es war ein Schweizer, ein Riesenmensch mit einem Riesendurst; auf ihn hätten getrost die schönen Verse gedichtet sein können: »Es war einmal ein Kandidat – der ganz entsetzlich saufen tat – das ganze Konsistorium – mitsamt dem Bischof trank er um.« Natürlich schlossen wir uns liebend einander an; und man kann sich denken, welch ein Hochgenuß eine gebildete Kneiperei für einen alten Studenten sein mußte, der ein ganzes Jahr in einer Landgemeinde Ohios für einhundertfünfzig Dollars vegetiert und Gottes Wort gepredigt hatte. Bei der Katastrophe war ich aber glücklicherweise nicht dabei.

Mein Pastor – nennen wir ihn Arnold – war eines Tages mit einem Kirchenrat auf die Kollektionstour gegangen. Ein freisinniger Bierbrauer, welcher an dem Durst des jungen Gottesstreiters Gefallen gefunden hatte, opferte fünf Dollars. Man denke sich eine solche Unsumme, so viel Geld auf einmal! Das mußte ja ein Unglück geben. Nicht nur der Pastor, sondern auch der Kirchenrat waren der Ansicht, daß man sich auf solche göttliche Gnade hin einige Extra-*Libationen* gönnen dürfte. Endresultat: Der Kirchenrat verspürt das mephistophelische Gelüste, diesen jungen Faust vor allen Dingen einmal in lustige Gesellschaft zu bringen. Man landete in einer Tanzkneipe. Arnold, der ein guter Musiker und Menschenfreund war, spielte zum Tanz auf; als er aber selber nach Lenauschem Muster Lust verspürte, an zwei Lippen, dem Bewußtsein wollustreiche Sterbekissen, sich zu schließen, da gab es – Keilerei, und mein guter Arnold wurde mit vereinten Kräften an die Luft gesetzt. Das ist nun wohl jedem Theologen einmal im Leben passiert. Dieser aber hatte unglücklicherweise einen Kirchenrat bei sich, und dieser fromme Schuft, welcher selber die Veranlassung zu dem Skandal gewesen, hatte nichts Eiligeres zu tun, als an die damals gerade in Harrisburg tagende Synode einen Bericht über die Sache einzusenden. Der arme Arnold wartete das zweifellose Resultat der Exkommunikation nicht ab. Er verschwand ohne Gepäck und ohne Abschied.

Sieben Jahre nachher hielt ich in Boston einen Vortrag. Unter dem Auditorium fiel mir eine lange Gestalt auf; richtig, er wars; und in den Armen lagen sich beide. Er war damals zu Fuß nach dem Wilden Westen gewandert, hatte als Methodistenprediger die ganze Misere dieser Religion der Heuchelei erkannt, war Schulmeister, Holzhacker, Viehtreiber etc. Ein günstiger Zufall verschlug ihn nach Boston; und jetzt war er wohlbestallter Direktor und Eigentümer eines Instituts für alte und neue Sprachen, das von den feinsten jungen Damen Bostons frequentiert wurde. Den Durst hatte er sich, Gott sei Dank! gerettet, und man kann sich denken, daß es kein schlechtes Wiedersehen war, als diese beiden aus der dunkeln Mächte Bann Geretteten wieder die Becher zusammenklingen ließen. Daß Freund *Lieber* der Dritte im Bunde war, versteht sich von selber.

Und die Moral von der Geschicht? Für einen Menschen, der Pastor ist, kann es manchmal segensreiche Folgen haben, wenn er in ein Haus der Sünde sich verirrt.

*

Ich kann nicht sagen, daß mir das traurige Schicksal (das jedoch später so glücklich sich wendete) meines Freundes Arnold als heilsames Exempel gedient habe. Im Gegenteil, auch als Kandidat pflegte ich fleißig den Rat Pauli an Timotheum zu befolgen, nur daß ich dem von dem Apostel empfohlenen Wein auch die übrigen stärkenden Getränke hinzufügte. Was konnte ich dafür, daß mir die schöne dicke Caroline in Hinsicht auf die künftige Stellung unbeschränkten Kredit gewährte, daß in meiner guten Pflegefamilie kein Krug »über die Straße kam«, an dem ich nicht mitgenießen mußte, und daß mir der alte Senft, der mir, seitdem ich gepredigt hatte, schon etwas Respekt entgegenbrachte (– »nit weil ich um die Paffe was geb, aber weil ers gezwunge hot« –), jeweils einen Schoppen übers Deputat erlaubte!

Auch an Liebe fehlte es nicht, ach! an so recht glückseliger, jungdummer, energisch nach allen Seiten hin sich zersplitternder Liebe. Wie genügsam man war: daß mich eine Wiener Balletteuse aus ihrem Glas trinken ließ, berauschte mich vor Vergnügen, daß eine blasse, abgedankte Gouvernante, welche später den dicken schwedischen Uhrmacher sich eroberte, mit mir in entsagenden Gefühlen schwelgte, war mir Herzensnahrung, daß mir aber der Zufall ohne mein Verdienst eine echte und gerechte kußbegleitete Umarmung zuteil werden ließ, dafür bin ich dem lieben Gott noch heute dankbar. Ich wartete nämlich eines Tages in dem Studierzimmer meines Pistorius auf dessen Heimkehr. Da öffnet sich die Tür, ein liebliches Mädchen tritt ein, stutzt einen Augenblick wie in freudigem Schrecken und fällt mir dann mit dem Jubelruf »ach mein Pastor!« um den Hals. Daß ich, wie Goethes Faustina in Kuß und Umarmung gelehrig mich zeigte, läßt sich denken. Aber nachdem leider auch das wie das Glück selber »ein kaum gegrüßt verlorener, unwiederholter Augenblick« geworden war, mußte ich denn doch so schonend als möglich andeuten, daß hier ein Mißverständnis obwalten müsse: »Pastor will ich zwar werden, bins aber noch nicht; Sie halten mich wahrscheinlich für einen andern, aber bitte das macht nichts!« – »Ja, sind Sie denn nicht der Pastor Weil?« – »Eigentlich nicht, aber ich möchts gern sein.« Nun, wir blieben trotz des Mißverständnisses gute Freunde; und da es sich so fügte, daß der Onkel der schönen Adele jener selbige Bierbrauer war, der dem unglücklichen kollektierenden Arnold fünf Dollars auf einmal gegeben hatte, so lernte ich auch die Freigebigkeit dieses wackeren Mannes kennen; er versorgte uns nämlich, wenn wir im guten Zimmer zusammen Duette einübten, mit dem nötigen Stoff. Es wär so schön gewesen! Adele hätte eine vortreffliche Pfarrerin abgegeben, aber ein Bierbrauer heiratete sie mir und dem Pastor Weil vor der Nase weg. Übrigens wurde ich noch öfter mit Herrn Weil verwechselt, bis wir uns eines Tages in New York bei den hundert Circassierinnen trafen – ja so! Mumm ist die Parole! – und ausfanden, daß die Ähnlichkeit denn doch keine ganz zwillingsmäßige war.

Einmal in jener Zeit wohnte ich auch einer Versammlung sämtlicher deutschen Pastoren von Baltimore bei, wobei es sich um die kirchliche Abhaltung eines Friedens-, besser Kriegsfestes handelte, bei dem man den Herrn preisen und ihm danken sollte, daß die deutschen Gewehre mehr Menschen verwundet und getötet als die französischen. Ich erinnere mich jetzt mit Vergnügen daran, daß der freisinnige Pastor Scheib, welcher, trotz der Augsburger Konfession in der Gemeindeverfassung, den reinsten Rationalismus predigte, entschieden gegen den Ausdruck Siegesfest sich verwahrte, während die Orthodoxen auf ihrem Rachefest bestanden, wozu sie allerdings in ihrer Bibel genug Entschuldigungsgründe finden konnten.

In jener Zeit und späterhin machte ich auch die Bekanntschaft des durch sein Hin- und Widerhüpfen auf den Stufen der Freisinnigkeit berüchtigt gewordenen Pastors Donner. Als Pfarrer war er ein langweiliger Schwätzer, als Mensch ein charakterloser Lügner.

Man wird bemerken, daß ich so lang wie möglich dem Examen fernbleibe, als ob mich noch heute die damalige Angst beseele. Ja, das hat sein Item! Man verkündigt nicht gern seine eigene Schmach, und doch wird es *das nächste Mal* geschehen müssen; und ferner, es klingt so hübsch, wenn man sagen kann: ich habe ein theologisches

Examen bestanden; wenn aber der geneigte Leser erfahren hat, worin dieses Examen bestand, so wird er mich eher bemitleiden als bewundern.

Im wunderschönen Monat Mai 1871 war es durchaus nicht übermäßig warm, aber dem unglückseligen Kandidaten der Theologie, welcher meines Vaters Sohn war, liefen doch die Schweißtropfen über die Stirn, als er in der Versammlung der Marylander Classis der reformierten Synode von Nordamerika seinen Namen aufrufen hörte, und als er, bis die Reihe an ihn kam, in eine Rumpelkammer der betreffenden Kirche gesperrt wurde. Ein traurigerer Ort als diese Kammer ließ sich nicht denken: ein altes, leeres Büchergestell, ein windschiefer hölzerner Stuhl und dito Tisch, worauf ein englisches Gesangbuch und ein deutschamerikanischer Heidelberger Katechismus, ein Fenster mit der Aussicht auf einen mit Nesseln bewachsenen Hof, sonst – Staub! Nur nicht auf dem Stuhl, den ein vorhergehender Kandidat eingenommen, und auf den beiden Büchern. Und doch wurde diese traurige Kammer mir zur *Chrysalis*, in der ich im letzten Augenblicke die bald zu erprobenden klerikalen Schwingen prüfte, und jener alte Katechismus hat mir mehr genützt als sämtliche theologische Studien, welcher ich bisher in zwei Weltteilen mit anerkennenswerter Mangelhaftigkeit mich befleißigt hatte.

Das Zimmer, in welchem das aus den Herren Dr. Zacharias, Dr. Gans und Pastor Bachmann bestehende Komitee die Kenntnisse der Kandidaten zu prüfen pflegte, lag dicht neben dieser Kammer, und durch die dünne Wand vermittelte sich mir jede Frage dieser Inquisitoren. Nur war mein Vormann ein Amerikaner; aber so viel verstand ich doch, daß die Fragen höchst kinderleichter Natur waren – bis auf eine. Diese eine bezog sich auf das Glaubensbekenntnis. Daran hatte ich nicht gedacht, als ich mit *Guericke* die verschlungenen, aber nichts weniger als anmutigen Pfade der Kirchengeschichte wandelte, und mit der Angst des Verbrechers, der vor dem Lynchen ein Vaterunser zu reimen versucht, versuchte ich mir das einst wohlbekannte: »Ich glaube an Gott, den allmächtigen Schöpfer etc.« im Gedächtnis aufzufrischen. – Es ging nicht, im zweiten Glaubensartikel blieb ich vollständig stecken – da fiel mir der rettende Katechismus ins Auge. Aufschlagen, Auswendiglernen – großartige Leistung, aber in der Not wächst die Kraft. Gerade war ich mit dem heiligen Geist fertig, als sich die Tür öffnete: »Mister Reitzel, please!«

Zunächst muß ich kurz die drei Examinatoren schildern. Rev. Dr. Zacharias war ein altehrwürdiger Typus des Pennsylvanier Deutschtums; er sah so aus, als ob er beim Kuhmelken seinen Doktor gemacht hätte, aber er besaß etwas von dem Yankeewitz Lincolns, samt Ähnlichkeit in dem ganzen Habitus und war im Ganzen ein guter, alter Mann, der es mit den jungen Leuten gut meinte und nichts mehr haßte als theologische Zänkereien. Viel imponierender, aber auch viel unangenehmer präsentierte sich der ebenfalls lange und hagere, aber vor Gelehrsamkeit und sittlichem Ernst hoch aufgeblasene Rev. Dr. Gans (sprich Gähns). Der Dritte im Bunde, Pastor Bachmann (Pflänzling der Hochschule zu *Chrischona*) war ein unbedeutendes protestantisches Pfäfflein, wie man solchen jeden Tag auf der Straße begegnet. Da die beiden ersteren Herren sich der englischen Sprache bedienten, ich aber auf Rat meines Pistorius mich streng ans Deutsche hielt, so mußte Herr Bachmann als Dolmetscher fungieren, und ich glaube, er hat bei dieser Gelegenheit schwerere Nöte ausgestanden als der Kandidat selber.

Glücklicherweise kam gleich nach einigen offiziellen Fragen (die Papiere, bestehend aus Heimatschein und Taufschein und einigen zufällig geretteten Zeugnissen, die so schlecht waren, daß sie mir mein Vater seiner Zeit an den Kopf warf, waren vorher geprüft worden) die Aufforderung, das Glaubensbekenntnis herzusagen. Das ging nun ganz flott, mit »natürlichem Anstand« und mit dem »Ausdruck, der des Redners Glück macht.« Ich bemerkte sofort an der Befriedigung der drei Herren, daß ich sie in der Hauptsache schon gewonnen hatte.

Nun sollte ich einen kurzen Abriß meiner Heidelberger Studien geben. Da sich aber dieselben (o Muse, verhülle dein Angesicht!) auf den »Faulen Pelz«, die »Weiße Rose«, die »Hirschgasse« usw. beschränkt hatten, so lieferte ich kurzweg einen Abriß des Konfirmanden-Unterrichts, den uns seiner Zeit Pfarrer Otto Schellenberg in Mannheim erteilt hatte, und dessen Hauptgang mir darum im Gedächtnis geblieben war, weil er dem ersten unbewußten Zweifelsdrang der Jugend wenigstens einigermaßen Nahrung bot. Dieses Exposé offeriere ich als höchste theologische Weisheit der Professoren *Hitzig, Holtzmann* und *Daniel Schenkel,* was mir die Manen der würdigen Herren verzeihen mögen.

Ich glaube, die ziemlich ketzerischen Auslassungen wären unbeanstandet durchgegangen, wenn nicht der Name Schenkel erwähnt worden wäre. Dr. Gans stutzte bei diesem Namen wie ein Vorstehhund, der Wild wittert, und die Folge davon war die für mich übersetzte Frage:»Aber das ist doch nicht *Ihre* Ansicht?!«

Es war im wunderschönen Monat Mai, mein Gewissen warnte mich nicht, ich zögerte nicht einen Augenblick, ich log frisch und frech:»Nein!«

Ich könnte allerhand zur Entschuldigung anführen, ich könnte mit Recht sagen: ich hatte damals noch keine Ansicht, ich könnte an Petrus erinnern, der auch seinen Herrn dreimal verleugnet und doch der beste Jünger gewesen ist. Aber ich will nicht entschuldigt sein, ich log kaltblütig, ich schämte mich nicht einmal dieser Lüge, denn meine ganze Moral gipfelte sich damals in dem Gebot: Du mußt unter allen Umständen angenommen werden, damit du in Washington, woselbst ich schon Probepredigten gehalten hatte und gewählt worden war, antreten kannst. Ich log, aber ich habe diese Lüge durch mein nachheriges Hineinarbeiten in die Religion und das schmerzhafte, stückweise wieder Herausreißen, ich habe sie durch viel und unnötiges Wahrheit-Sagen abgebüßt.

Die Fragen in der Kirchengeschichte waren so einfacher Natur (z. B., wann war die Kirchenversammlung zu Nicäa?), daß selbst ich sie einigermaßen bewältigen konnte.

In der Dogmatik geriet ich aber noch einmal mit Dr. Gans aneinander. Er wollte nämlich wissen, ob der heilige Geist, nachdem er einmal zu Jerusalem in die Jünger gefahren, auch stets in der Kirche gewaltet habe. Meine Antwort, daß dies nicht der Fall sein könne, da die Kirche sehr viele des heiligen Geistes unwürdige Beschlüsse gefaßt und Taten getan habe, schien ihn nicht zu befriedigen, er wollte von mir genaue Aufschlüsse über das Wesen des »holy spirit«, und da ich doch Heine nicht zitieren konnte, so wäre ich vielleicht noch in einen geistlichen Sumpf geraten, wenn nicht der alte, brave Zacharias, etwas ärgerlich über die Verzögerung, die Debatte mit den Worten geschlossen hätte:»Never mind! Dr. Gans, we don't want any hair splitting.« Ach, in jenem Augenblick hätte ich diesen alten »Dutchman« lieber geküßt als das schönste Mädchen; namentlich, da er zu gleicher Zeit den Kollegen ankündigte, daß er seinerseits mit dem Resultat des Examens zufrieden sei, und zwar in einem Tone ankündigte, der von Seiten der untergeordneten Kollegen keine Widerrede erlaubte.

Wie der Knabe, wenn er die erste Gespensterfurcht überwunden, um so übermütiger in den Wald hineinschreit, wie das Weib, wenn man ihm im ehelichen Streit in einem Punkt Recht gegeben hat, gleich den Sieg auf ganzer Linie beansprucht, so wurde ich auch jetzt übermütig, warf mich in die Brust und bat, mich jetzt auch in den klassischen Sprachen zu examinieren, ja ich hatte sogar die Frechheit, meinen Freund Gans speziell um Prüfung meiner hebräischen Kenntnisse anzugehen, welche sich auf die ehrwürdigen Anfangsbuchstaben des Alten Testamentes »bereshit bara elohim« beschränkten. Aber gerade der genannte Herr erklärte mit eigentümlicher Hast, daß er vollständig von dem Genügen meiner Kenntnisse in dieser Branche überzeugt sei.

Noch einen Flügelschlag applizierte allerdings dieser Gänserich dem innerlich Aufjubelnden. Ich hatte nämlich keinen Konfirmationsschein: Wie können wir wissen, daß er überhaupt konfirmiert ist? Da aber empörte sich der Patriotismus Bachmanns, und mit ziemlicher Schärfe erklärte er Herrn Gans, daß in dem gesitteten Deutschland, namentlich aber in der Gegend, wo wir herkämen, kein Mensch aufwachsen könne, ohne zur rechten Zeit konfirmiert zu werden.

Damit war die Sache erledigt. Ich erhielt nach kursier Beratung das Prädikat »gut« und konnte in dem einfältigen Stolze meines Herzens am folgenden Tage einem Kommilitonen, der noch nicht einmal an der Schwelle des theologischen Seminars in Heidelberg angelangt war, schreiben: Ich habe mein »Staatsexamen« bestanden, und am nächsten Sonntag trete ich meine Stelle an.

Also einer Lüge hatte ich teilweise meine Präsentation vor versammelter Classis zu verdanken. Kein Wunder, werden meine frommen Leser (ich habe merkwürdigerweise auch solche) sagen, kein Wunder, daß die Herrlichkeit so rasch zu Ende ging. Ich aber frage jeden, der zum geistlichen Amt ordiniert wurde, ob er mit gutem Gewissen behaupten kann, daß es bei ihm ohne Lügen abgegangen ist. Bei jeder mit dem Schein der Heiligkeit umstrahlten Zeremonie kommt sich bei ehrlicher Selbstbetrachtung jeder gesunde Mensch, der nicht ein Schwärmer ist, als personifizierte Lüge vor. Wie viele Nonnen wohl bei ihrer Einkleidung an den Seelenbräutigam Jesum denken! Welcher Fürst füllt seine Seele mit Gottheit aus, wenn ihm von Gottes Gnaden die Krone aufs Haupt gesetzt wird!

Indessen soweit bis zur feierlichen Ordination war ich denn doch noch nicht. Es bestand nämlich in der Reformierten Synode das wohlweisliche Gesetz, daß ein Prediger nur dann in ein Amt eingesetzt werden konnte, wenn er zwei Jahre unter der Oberaufsicht der Classis gestanden (under the care of the classis). Nun hatten aber die Herren meine Bekanntschaft erst in diesem Augenblick gemacht; es erhob sich also naturgemäß große Opposition gegen meine Anstellung in Washington, und ich malte mir schon den lieblichen Prospektus aus, zwei Jahre lang als Famulus und Hilfsprediger der dort versammelten geistlichen Kaffern aushalten zu müssen. Da legte sich aber mein Pistorius ins Zeug; er hatte von jeher die Übermacht und Anmaßung der »Englischen« in der Synode gefürchtet und gehaßt und hoffte, in mir einen tüchtigen Bundesgenossen zu gewinnen. Er legte der Versammlung ans Herz, wie notwendig der Kirche gerade solche frische Zufuhr von Deutschland sei; wie man oft sich habe verleiten lassen, trotz zweijähriger Beobachtung, unwürdige und unfähige, weil ungebildete Glieder anzuerkennen, wie man es Gott gegenüber gar nicht verantworten könne, eine derartige Kraft, wenn sie einmal sich angeboten, zurückzuweisen, so daß dieselbe schließlich gezwungen wäre, einer anderen Korporation sich anzuschließen. Kurz, er tat sein Bestes. Das alles hätte aber vielleicht doch noch nicht ausgereicht, wenn nicht der Delegat von Washington mit dürren Worten erklärt hätte, daß seine Gemeinde mich nun einmal erwählt habe und mich als ihren Prediger ansähe, ob nun die Synode ihr Amen dazu gäbe oder nicht. So wurde denn beschlossen, eine Ausnahme von der Regel zu machen, resp. mir über das Synodalgesetz hinweg die Eingießung des heiligen Geistes in der Ordination zukommen zu lassen.

Wie bitter mag Pistorius seine Fürsprache bereut haben, wie die Herren von der Classis ihre gesetzwidrige Nachsicht! als sie nach und nach entdeckten, welch eine zum Unglauben sich entwickelnde Schlange sie an den Busen der ecclesia reformata genommen hatten.

Indessen ist es jetzt höchste Zeit zu erzählen, wie ich in Washington solchen Halt gewonnen hatte.

Eines Tages erschien mir der Engel der Berufung in Gestalt eines alten rotbärtigen Hessendarmstädters, der in Washington Kirchenvorsteher war und des beruhigenden Namens Freund sich erfreute. Ich kam dem Alten etwas sehr jung und etwas sehr unklerikal vor, aber da Pistorius mir das beste Zeugnis gab, so wurde der zweite Sonntag im wunderschönen Monat Mai festgesetzt, um in der Bundeshauptstadt zur Probepredigt anzutreten. Jetzt wurde mit Aufbietung meines ganzen Kredits ein schwarzer Anzug angeschafft, der sich vielleicht, der Rock wenigstens mit den lang nachflatternden Flügeln, noch im Gedächtnis einiger Washingtoner erhalten hat. Ein Paar Stiefel, welche der Solidität wegen auf No. 14 gearbeitet waren, und eine von meinem Freund Slingluff (Advokat und ehemaliger Heidelberger Student) mir geschenkte Angströhre von möglichst ehrwürdigem Alter und geistlicher Form vollendeten mein outfit. Irgendein andrer junger Mensch in solcher Ausstattung würde nur Mitleid und Lächeln erregen, ein junger Pastor aber, ich versichere die ungläubigen Leserinnen, erhält die anerkennendsten und zärtlichsten Blicke; und ich verstand es auch, dieselben aufzufangen trotz der geistlichen Würde, denn nur mein Kleid, nicht mein Herz war schwarz. Die Segenswünsche des »Guten Willens«, der »Sumpfmaierei« und meiner verschiedenen Nährväter und -müttter begleiteten mich.

In dem kleinen Kirchlein an der Ecke der Sechsten und N Straße (in Washington sind die Straßen höchst unromantisch, aber höchst praktisch alle nach Zahlen und Buchstaben benannt), das für mich abermals ein Lebenswendepunkt werden sollte, hielt ich die Probepredigt. Eine ehrliche Predigt! Ich gab meinen ganzen guten Willen, ich gab, was ich von idealem Lebensinhalt wußte, und da ich mich einer guten Lunge erfreute, so war der Eindruck auf die Gemeinde sichtlich ein sehr günstiger. Nach dem Gottesdienst: Gemeindeversammlung. Man beorderte mich hinaus und als ich nun während der Verhandlungen so um die Kirche auf der Straße herumlaufen mußte, wäre ich mir sehr dumm vorgekommen, wenn nicht ein junger Mann, der etwas mehr Takt besaß als die Alten, mir Gesellschaft geleistet hätte. Es war kein langes Warten, denn ich wußte etwa, wes' Kalibers meine Mitbewerber waren, und es überraschte mich daher nicht, als zuerst eine Dame (Ihr Götter! sie wurde später meine Schwiegermutter!) und dann der Kirchenrat mir die Mitteilung machte, daß ich zum Pfarrer der Ersten Reformierten Gemeinde in Washington erwählt sei mit 600 Dollar Gehalt.

Hätte ich aber augenblicklich an Ort und Stelle bleiben müssen und nicht meinen Triumph nach Baltimore zurücktragen dürfen, ich glaube, ich wäre gestorben.

In Baltimore wurde ich in den bekannten Kreisen empfangen wie ein General, der seine erste Schlacht gewonnen hat. Der alte Senft veranstaltete in seinem berühmten Parlor ein Familienfest, bei dem er eine Rede hielt, vielleicht die einzige in seinem Leben. Er führte mich nämlich vor mit dem Anstand eines Ökonomen, der sein preisgekröntes Mastschwein zeigt: »Gott verdoppelt, Ihr Leit, hab ich nit immer gsacht, 's is e Nadurmensch. Jetz is er Parrer. Ich bin aach e Nadurmensch. Da soll doch e Gewitter – –. Schenkt nor ei, Kinner!«

Von Rechtswegen sollten mit Übernahme einer Pfarre für den Theologen und Menschen die Abenteuer aufhören. Dieses war bei mir nicht der Fall. Ich habe es an mir selber erfahren, daß der Mensch eben immer derselbe bleibt. Ich meinte es treu-ehrlich mit meinem Amte, ich legte meine ganze Jugend-Begeisterung für das Ideale in meine christlichen Predigten; ich versuchte durch Einführung neuer literarischer Gesichtspunkte in das Geistes- und Gefühlsleben meiner Gemeindeglieder zur sittlichen Hebung derselben beizutragen; ich haßte es zwar grimmig, wenn ich für einen Kranken beten sollte, aber ich habe doch Menschen auf Augenblicke vergessen machen, daß wir in einem Jammertale wandern, und für die ganz armen Teufel hatte ich immer eine Kleinigkeit übrig, die ihnen stets lieber war als ein Sermon. Einst wurde ich zu einer bejahrten, schwerkranken Frau geholt, um sie zu trösten. Ich brachte der Alten ein paar Blumen mit, und da ich zufällig ihren Sohn, einen etwas beschränkten, aber durchaus braven Menschen, kennen gelernt hatte, so sang ich das Loblied desselben in allen Tonarten. Ob ich eine dankbare Zuhörerin hatte! Beim Abschied sagte mir die

Alte mit dem Schatten eines Lächelns in ihrem tausendfach verrunzelten Gesicht: Sie sind noch so jung, Herr Pfarrer, und vom Herrn Jesu haben Sie mir nicht viel gesagt, aber »so gut hab ich mich schon lang nimmer gefühlt«.

Jetzt im Rückblick auf jene Zeit muß ich mir selber zugestehn, daß ich beim Antritt meiner Stellung mit großem diplomatischem Takte handelte, und unwillkürlich eine Eigenschaft erfolgreicher Herrscher bekundete, nämlich die, in den betreffenden Departements den richtigen Leuten sich unterzuordnen. Alles raisonnierte über meinen Vorgänger (trotzdem wurde derselbe später wieder Pfarrer an derselben Gemeinde), ich schwieg dazu still oder versuchte ihn zu entschuldigen, aber innerlich graute es mir, wenn ich da wohlhabende Leute dem Gegangenen vorrechnen hörte, wie viele Johannisbeeren er in ihrem Garten gegessen und dergleichen mehr. Den Kirchendiener, eine sehr wichtige Persönlichkeit, da er ja nach Gutdünken das Vermitteln oder das Aufhetzen zwischen Pfarrer und Gemeinde besorgt, gewann ich sofort durch Vermittlung jener Gottesgaben, denen noch nie ein Küster abhold war. Der Mann war von Haus aus Bauernschneider gewesen und hatte dann als Besitzer einer Moritaten-Orgel die Welt durchzogen. Er behandelte mich mit einer gewissen devoten Grobheit, aber er blieb mir treu in Not und Gefahr; drum will ich es ihm auch gönnen, daß er durch seine zweite, reiche Heirat in den Rang der Hausbesitzer und Kundenschneider aufgestiegen ist. – Dem Kirchenrat gegenüber zeigte ich mich ratsbedürftig in allen Dingen, ohne darum im Geringsten anders zu handeln oder zu predigen, als es mir gut dünkte, als ich mußte. (In diesem hohen Konsistorium war der Metzgerstand hervorragend vertreten, und es schien dies allerwärts der Fall zu sein.) – Am besten kam ich mit dem Vorsteher der Sonntagsschule zurecht. Wir hatten nämlich gegenseitig Angst voreinander. Er befürchtete, daß ich wie die früheren Pastoren die Herrschaft über die lieben Kleinen selber in die Hand nehmen würde, welche er während der pastorlosen, der köstlichen Zeit geführt – nicht aus Ehrgeiz noch Gewinn behagte ihm der Posten als Schulsuperintendent so sehr, sondern weil unter den lieben Kleinen schon ganz stattliche, schier gar heiratsfähige Jungfrauen vorhanden waren, zwischen welchen und dem hübschen Lehrer sich ein ganz kordiales Verhältnis gestaltet hatte – ich befürchtete, gezwungen zu werden, meine totale Unkenntnis in Sonntagsschul-Angelegenheiten preisgeben zu müssen. Ich half uns beiden durch ein ehrliches Bekenntnis dieser Unkenntnis und die Bitte an den bisherigen Vorsteher der Schule, das bisher so gedeihlich geförderte Werk auch fernerhin fortzufuhren. Zwischen uns beiden entstand in der Folge eine innige Freundschaft, die, wie ich hoffe, für die paar Lebensjahre ausdauern wird.

Der Himmel hing voller Geigen. Man denke 600 Dollars Gehalt, dazu etwa ebensoviel an Akzidenzien, das macht in badischem Geld nahezu 3000 Gulden! Soviel habe ich später in meinem Leben nicht wieder verdient.

Aber, aber, in mir steckte noch der alte Adam, und meine lieben Gemeindemitglieder waren zwar Christen, aber darum doch Menschen. Sie können sich denken, liebe Leserinnen, wie ein Mensch beobachtet wurde, der jung war, Pfarrer und Vorbild sein, guten Durst und starken Liebesdrang bezwingen sollte und von sämtlichen töchtergesegneten Müttern der Gemeinde zum Schwiegersohn auserkoren war! Denkt Euch einmal, Ihr alten Weiber in Röcken und Hosen! denen ich auch heutzutage noch nicht armer Teufel genug bin, um nicht Gegenstand der Spionage und der nimmer ruhenden, Wohlwollen in Übelwollen wandelnden, klatschenden Zungen zu sein – Eure Überwachung ist doch eine ärmliche, systemlose, Euch fehlt der doppelte Hochgenuß des regelmäßigen Austausches, denn Ihr seid vereinzelt, durch Feindschaft unter einander zersplittert, denkt Euch einmal, wie viel besser es die Männlein und Weiblein der Reformierten Gemeinde in Washington hatten! Regelmäßige Zusammenkünfte der Weiber beim Sonntagnachmittags-Kaffee, regelmäßige Zusammenkünfte der Männer in den Gemeinderats-Sitzungen, wo man austauschen, vergleichen, zusammen- und feststellen konnte; denkt Euch, neben der nimmer schlummernden Aufmerksamkeit einer ganzen Polizei-Force künftiger Schwiegermütter, die Überwachung im Hause; denkt Euch endlich, daß von dem Resultat all dieser Anstrengungen die Stellung, die Existenz, scheinbar das Lebensglück des Unglücklichen abhing! Nicht wahr, der Mund wässert Euch?! – Indessen, des Lebens ungemischte Freude wird keinem Sterblichen zuteil, und, Euch zum Possen, will ich berichten, daß mir trotz alledem in jenem ersten geistlichen Jahre der Humor und die Abenteuer doch nicht untreu geworden sind, daß mir manche Blume erblühte, von der die Bande doch keine Ahnung hatte, und daß auf der Kanzel selber, ehe die Schlausten der Gemeinde eine Ahnung davon hatten, die Umwandlung aus gedankenlosem Enthusiasmus in kritisches, freies Denken sich vollzog, nicht ohne Schmerzen, aber mit einem Resultat, welches die Genugtuung meines Lebens ist.

Ich wohnte damals in Washington nacheinander bei zwei Kirchenräten. Der erste war ein dicker, gemütlicher Knabe, den ich zu mancher Insubordination gegen seine eheliche Tyrannin verführte, und dessen Leichenrede ich dann auch, als er bald darauf starb, nicht halten durfte. Aber schon lange vorher, in den ersten Monaten meiner Amtstätigkeit, in denen ich mich naturgemäß etwas vorsichtig bewegte, möglichst unparteiisch meinen Segen zu verteilen suchte, und nur mit Kirchenräten und bei Gemeindewirten Bier trank, bemerkte ich zu meinem Erstaunen, daß man mir mit einer gewissen feindseligen Kälte entgegenkam, die sich allmählich in immer größerem Kreis verbreitete. Endlich erfuhr ich die Ursache. Aus der übervollen Schublade der mir zuerteilten Kommode hatte sich ein kleines beschriebenes Blättchen herausgedrängt, welches von der ehrenwerten Hauswirtin gefunden wurde und als Entsetzen- und Abscheu-Erwecker unter den guten Freunden derselben zirkulierte. Ich machte damals auch Verse, wer macht keine mit zweiundzwanzig Jahren! und folgende Verse standen auf dem Papier:

Trübe Ahnung

Hei! wie die alten Weiber
In Röcken und in Hosen
Sich gegen dich, mein armes,
Unschuldig Kind, erbosen!

Hast du noch nie das Liedchen
Von jener Maid gesungen,
Die sich ein Königsherze
Durch ihren Blick errungen?

Die Schranzen und die Zofen,
Die haben so lang geflüstert,

Bis sich des Königs Antlitz
In Eifersucht verdüstert;

Bis er zum Gottesgerichte
Sein schönes Weib gegeben,
Und unter Henkershänden
Erblich das junge Leben.

Du schaust mich an so bange,
Und deine Pulse stocken –
Im schmerzgewalt'gen Ahnen
Ist deine Seele erschrocken.

Was willst du? Blüt um Blüte
Fällt von dem Baum des Lebens,
Und gegen die Macht der Dummheit
Kämpft auch ein Gott vergebens.

Ach herrje, das war freilich sehr hart! Aber ich nahm die Sache gleichfalls sehr hart, drohte mit polizeilicher Untersuchung wegen Unterschlagung, erhielt mein Papierchen zurück und »movte« zu einem anderen Kirchenrat. Das war nun zwar ein sehr guter westfälischer Preuße, aber seine Frau war dafür eine um so bessere bayrische Köchin. Man meinte es gut mit mir fürs Leibliche und auch fürs Geistige, darum gab man mir keinen Hausschlüssel. Sintemalen aber ein Zweiundzwanzigjähriger weder ausnahmslos mit Kirchenräten verkehrt, noch präzis 10 Uhr seine tägliche Laufbahn abschließt, so sah ich mich bald vor die Notwendigkeit gestellt, in the wee small hours auf ungewöhnlichem Weg in das Haus zu dringen. Es gelang mir per Hofzaun, wenn zufällig die Küchentüre aufgeblieben war, es gelang mir durch den Keller, wenn man die Kellertür zu riegeln vergessen hatte; wenn aber alle diese Aus- oder Eingänge verstopft waren, so kletterte ich an den eisernen Stäben des »Awning«-Vordaches (auf deutsch heißt es, glaub ich, Markise) empor, schwang mich auf den Fenstervorsprung des zweiten Stockwerks, kroch durchs Fenster in den Parlor, und von dort gings mit leisem, geflügeltem Schritt eine Treppe höher nach meiner Kemenate. O Knabe! merk auf und versäume lieber die Religionsstunde als die Turnstunde; denn das Turnen hilft einem in Fällen, wo das Beten nicht mehr ausreicht.

Ein mit mir in diesem Hause wohnender Lehrer, Roth hieß die Canaille, mußte etwas von meinen nächtlichen Heimfahrten gemerkt haben; er hielt mir eines Tages eine Moralpredigt, die mich ganz zerknirschte. Eine Woche nachher mußte er entfliehen, weil gewisse von ihm mit Kindern begangene Schändlichkeiten ans Tageslicht kamen. Solche trostreiche Erfahrungen habe ich häufig machen müssen mit denjenigen, welche sich bemüßigt glaubten, mir Moral einzutrichtern, und ich glaube, ich bin noch nicht damit zu Ende.

Bei dieser Gelegenheit will ich auch bemerken (damit ich meine »Verdienste« nicht ganz unerwähnt lasse), daß ich als Pfarrer die Gründung einer freisinnigen deutschen Schule veranlaßte. Die Sache war ganz gut im Gang, aber nach jenem Roth kam ein Lehrer, der die Schnapsflasche mit aufs Katheder nahm, dann ein kompletter Narr und drittens ein ausgewachsener Ignorant, unter welchem die so schön und begeistert begonnene Sache nach und nach, wie es scheint für immer, einschlief.

Eine in jene Zeit fallende Bekanntschaft, welche durch ein tragisches Ereignis ihren Abschluß fand, will ich nicht unberührt lassen, namentlich da ich damit einen Dankbarkeits-Tribut abstatte an eines der reinsten Wesen, das meinen Lebenspfad gekreuzt.

Eines Tages besuchte ich in Baltimore, wohin ich sehr gern »in Geschäften« reiste (ich fürchte, auch die Sumpfmeierei hatte ihren Anteil daran), einen Pastor M. Der Herr Pfarrer war nicht zu Hause, aber aus der Fensternische erhob sich eine anmutige Gestalt, die mir Werthers Lotte und Goethes Friederike in einer Person zu sein schien. Ich machte, wie es bei solchen Gelegenheiten immer ist, das übliche dumme Gesicht, aber in einer halben Stunde hatten wir doch schon so viel heraus, daß sie mit *Gerok* und Schiller ihre schönsten Stunden feierte, daß ihr meine Begeisterung für Goethe und Heine ein gewisses Grauen verursachte, daß wir uns trotzdem recht gern hatten, und daß sie vorläufig für mich zu beten beschloß. Eine Pfarrerstochter, natürlich! Holde Erinnerung zaubert mir die Pfarrhäuser vor zu Haltingen, Eschelbach, Mauer, Lichtenau, aber die einzig richtige Pfarrerstochter, die ich in Amerika aufgewachsen fand, war diese. Der Briefwechsel mit ihr war für mich die Fülle reinsten Genusses, wenn auch der Umstand, daß sie schon für einen Andern bestimmt war, beängstigend darüber schwebte; und unvergeßlich ist mir die Stunde, da wir zusammen der erhabenen Diktion der *Jordanschen Nibelungen* lauschten. Die Zeilen, welche sie mir vor ihrer Abreise nach der westlichen Heimat schickte, waren vielleicht die letzten, die sie schrieb. Bei Pittsburgh rannten zwei Züge ineinander, unter den Verunglückten war sie, eine zersplitternde Wand hatte ihr den Kopf vom Rumpfe gerissen.

Ich denke dein wie einer Blume,
Die in der Knospe ich belauschte,
Wie eines hohen Himmelsliedes,
Das sanft durch meine Seele rauschte.

Ich denke dein wie eines Sternes,
Des Strahlen ich in mich gesogen,
Es kam der Sturm – ein letztes Leuchten –
Und dann verschlangen ihn die Wogen.

Trotz fröhlichen Lebensgenusses und den daraus entstehenden Anfechtungen vollzog sich in mir die innere Befreiung unaufhaltsam – und zwar anfänglich in einer mein Wesen durchaus befriedigenden Weise. Ich las viel, von meinem Vater mir zugesandte rationalistische, vom Protestantenverein herausgegebene Schriften, in denen ich den Geist meiner verehrten Lehrer Schellenberg und Schenkel wiederfand. Das war schon gesundere Luft, etwa dieselbe, welche in Amerika in den Unitarier-Kirchen weht; und bald bildete sich meinem Geist die Aufgabe, an dem Aufbau einer vernünftigen Kirche mitzuwirken, Wissenschaft und Religion zu versöhnen, und das Werk Luthers, die Reformation innerhalb der Kirche, fortzusetzen.

Mein Haupttriumph war meine erste Konfirmation. Es gelang mir, den Religionsunterricht einigermaßen zu einem ethischen zu machen, und trotzdem ich die Zeremonien bedeutend abkürzte, eine Stunde früher fertig war als die Kollegen und überhaupt die Sache »ganz anders machte« als der frühere Pfarrer, gelang es mir doch, Eltern und Kinder zu befriedigen. Sie ahnten noch nicht das verborgne Gift.

Ich selber merkte erst bei Gelegenheit einer Synodalversammlung in Philadelphia, daß ich mich auf einem Wege befand, der sich mindestens von Calvin und der Reformierten Synode immer weiter entfernte.

Mein alter Examinator Bachmann war nämlich einer der für die Fest-Gottesdienste bestimmten Prediger. Da er aber zu faul war und vielleicht bei mir Dankbarkeits-Gefühle voraussetzte, lud er diese Last auf meine Schultern ab. Das war nun keine Kleinigkeit, vor all die erprobten und ergrauten Häupter als Neuling hinzutreten und ein Stück meines Innern vorzulegen. Da ich mir aber bewußt war, mindestens an Rhetorik hinter keinem zurückzustehen, da ich schon in und nach den Sitzungen entdeckt hatte, daß die meisten Kollegen zwar recht große Blechschwätzer, aber auch ganz gemütliche Kneipiers sein konnten, und vor allen Dingen, da ich die Predigt vom letzten Sonntag noch vollständig im Gedächtnis hatte, nahm ich das Anerbieten an. Nun war dies eine sehr schöne (ich muß es selber sagen) ethische Beleuchtung der Versuchungsgeschichte Jesu, aber von reformiertem Christentum war verflucht wenig darin zu finden. Ich wußte es, daß ich mir selber schaden müsse, aber so eine Art trotziges Luther-Gefühl beseelte mich, als ich die Gesichter der Herren immer erstaunter und länger werden sah.

Als ich die Kanzeltreppe herabstieg, hörte ich einen gewissen Pastor Dahlmann vernehmlich seinem Nachbar ins Ohr flüstern:»Das ist ja der reinste Rationalismus!« Der Herr Pastor hat kürzlich in Akron seine silberne Hochzeit gefeiert, ihn hat also die Vernunft noch nicht aus der Kirche hinausgetrieben. Mir aber ahnte es, wie gesagt, damals zum erstenmal, daß die große Kluft sich mir aufgetan, die Kluft zwischen dem Nazarenertum und dem Hellenismus.

War aber bis dahin die Entwicklung eine angenehme, so weckte in mir der Zweifel furchtbar Heer, so riß mich in jenen qualvollen Zustand, da die alte liebgewordene Überzeugung ringt gegen neue Wahrheit, ein Pamphlet. Es waren Heinzens: Sechs Briefe an einen frommen Mann. Mit diesem Buch habe ich gerungen, wie Jakob mit dem Engel, und wenn es mir auch alle Gelenke meiner damaligen

Denkweise ausrenkte, ich hab es nicht gelassen, bis es mir zum Segen wurde.

Indessen zur schließlichen Katastrophe trug ebensoviel wie meine innere Entwicklung ein äußerer Umstand bei, meine Verheiratung, ein unter den Umständen sehr dummer Streich, der aber leider nicht mein letzter war.

Am besten läßt sich der wesentliche Inhalt dieser für mich tief im Inneren so bewegten Sturm- und Drangperiode wiedergeben, wenn ich einige Abschnitte aus der Predigt reproduziere, mit welcher ich von der Kirche Abschied nahm. Also sprach ich damals, und ich glaube, ich habe nie eine tiefbewegtere Zuhörerschaft vor mir gehabt, als diese Christen, die mich nicht hatten verstehen wollen:

Was war es, das mir den letzten Rest des Glaubens raubte – raubte? Nein, mich davon befreite! –? Es war eigenes Nachdenken, angeregt durch die naturwissenschaftlichen Werke eines *Vogt, Moleschott, Büchner* u. a., durch die religionsphilosophischen Schriften eines *Feuerbach, Ruge, Strauß, Wislicenus, Radenhausen, Schünemann-Pott* u. a. Wie fielen mir jetzt die Schuppen von den Augen, wie wissenschaftlich notwendig und unwiderleglich gestaltete sich jetzt das heraus, was ich vorher wohl geahnt hatte, aber nicht begründen konnte. Wollte mich manchmal eine geheime, der Kindheit entstammte Scheu zurückhalten, so trieb mich männlicher Forschungseifer um so rastloser vorwärts. Wie Morgendämmerungsschatten verschwand ein Wahn nach dem andern, und neue sonnenheitere Ideale eröffneten sich meinem Geiste. An die Stelle Jesu trat die ganze Schar der Menschheitszeugen, die für uns an dem Brunnen der Lebenserkenntnis gegraben haben, der jetzt so voll und rein uns sprudelt, an Stelle des Nebelbildes eines geistigen, und doch persönlichen, unsichtbaren Gottes trat das weite, lebenatmende, sichtbare Universum. Ich selber war jetzt nicht mehr ein Zwitterding aus zwei feindlichen Gewalten, Seele und Leib, zusammengesetzt, halb dem Himmel, halb der Erde angehörend, sondern ein ganzer Mensch fühlt' ich mich, ein einheitliches Wesen gegründet auf diese Erde. Jetzt wollte ich Tugend üben und das Laster meiden, nicht mehr in der eigennützigen Hoffnung auf himmlischen Lohn und aus Furcht vor göttlicher Strafe, sondern weil ich wußte, daß das Böse in und mit sich Unglück und Selbstentwürdigung bringt, daß nur in der Tugend menschliche Glückseligkeit zu finden ist. Das war jetzt nicht mehr jene halbfreie, ängstlich vermittelnde Protestantenvereinsreligion, das war auch nicht jener kindisch verneinende Atheismus, sondern da fügte sich alles allmählich, aber mit logischer Sicherheit zu einem Welt und Menschen umfassenden geistigen Bau; und heute – ist zwar noch nicht vollendet – aber begonnen hat auf sicherer Basis meine neue Weltanschauung. Heute bin ich zwar kein Christ mehr – keine Religion aus Religion –, aber ich bin in der Tat heute religiöser als jemals, denn ich habe als meine höchste Pflicht erkannt: Vervollkommne dich selber und trage soviel als möglich zur Vervollkommnung anderer bei! –

Freilich muß ich gestehen: Als ich einmal solche Wahrheiten erkannte und zugleich die Kraft und den Drang in mir fühlte, sie andern begreiflich zu machen, da ließ sich die Wahrheit auch nicht mehr zurückhalten; und hätt' ich mich wie Wallenstein gefragt: »Wie, könnt' ich nicht mehr, wie ich wollte?«, so wäre die Antwort gewesen:

> Um Wahrheit ich ficht,
> Niemand mich abricht,
> Ich habs gewagt!

So wurde denn allerdings in der letzten Zeit von dieser Kanzel herab nicht mehr die Religion des Christentums verkündet, sondern die Religion des Menschentums. Ich meinte, die Wahrheit in ihrer zwingenden, selbstverständlichen Einfachheit müsse so stark an die Vernunft meiner Zuhörer appellieren, daß ihr ohnehin fast nur noch gewohnheitsmäßiges Christentum ohne Kampf weichen würde. Ich irrte mich. Das Resultat ist ein anderes, das Resultat ist meine Resignation, unsere Trennung.

Folgendermaßen schloß ich meine letzte Kanzelrede: Wer oder was ist die Schuld daran?

»Sicherlich du selber«, werden mir viele der Gemeindeglieder antworten. Die einen: »Wir haben diese Kirche stets als eine christliche angesehen, darum wollen wir hier nichts anderes hören als Gotteswort, d. h. eine Bibel-Auslegung, die dem christlichen, evangelischen Glauben gemäß ist.« Denen will ich erwidern: Diese Gemeinde, die ich gegründet habe, ist nicht gegründet auf irgend ein Symbol oder Bekenntnis, sie heißt nicht einmal christlich, sie heißt unabhängig, heißt protestantisch, d.i. protestierend, sie ist allein gegründet auf das Prinzip freier religiöser Forschung und des daraus hervorgehenden religiösen Fortschrittes; ganz in Übereinstimmung mit diesem sichert die Konstitution dem Prediger volle Redefreiheit zu. Andere, Vernünftigere möchten mir vorwerfen: »Dein Fortschritt war zu rasch, zu überstürzt; was Jahrzehnte hindurch in die Köpfe sich eingeprägt hat, das zerstört man nicht in einem Jahre.« Diesen kann ich nicht so ganz unrecht geben. Ich war aber von vornherein zu der Meinung berechtigt und von Euch darin bestärkt, daß ich es nicht mit Orthodoxen zu tun habe, sondern mit lehrbegierigen Menschen. Ferner will es mich fast bedünken, daß derjenige, welcher von vornherein meinen Predigten mit ungeteilter Aufmerksamkeit folgte, durch nichts hätte überrascht werden können. So habe ich, um ein Beispiel hervorzuheben, die Unzuverlässigkeit der Bibel und die Unmöglichkeit der Wundergeschichten nachgewiesen, bevor ich in einem besonderen Vortrage die Gottheit Jesu in das Reich der Fabel verwies.

Aber ich will weder mir, noch Euch die Schuld geben, sondern ganz allein – der christlichen Kirche. Die hat ja uns alle in ihren Armen getragen, an ihren Brüsten haben wir die Milch des Aberglaubens gesogen, und was so von Kindesbeinen an in Fleisch und Blut übergegangen ist, es ist nicht jedermanns Sache, das mit dem schneidenden Messer der Kritik so auf einmal auszumerzen. Der Kirche geb' ich die Schuld, die Euch heute noch überall, an allen Ecken und Enden, einschränkt, mit Spionen umgibt, mit Aufhetzern, die Euch so lange in die Ohren blasen, bis Ihr wieder ängstlich und verzagt vorwärts strebt nach dem sicheren Port des Glaubens, und sei es auch nur des Glaubens an Jesum als den Christ, in welchem Hafen ja erst kürzlich wieder die Schifflein aller evangelisch gläubigen Sekten Europas und Amerikas friedlich zusammengetroffen. (Evangelische Allianz in New York.)

Die Kirche hält mit einem fluchwürdigen Netze die zivilisierten Menschen umspannt, fluchwürdig, weil es Euch nicht zum vollen Genuß des Lebens kommen läßt, weil es Euch in Gottesknechtschaft hält, da ihr doch freie Menschen sein könntet.

Glaubt Ihr, ich vermag nichts auszurichten gegen dies gewaltige, festverschlungene Netz? Ich allein nicht, aber Tausende sind mit mir verbunden. Allüberall arbeitet der Menschenverstand. Einst hatte die kleine Maus die Bande des gefangenen Löwen zernagt und ihn befreit. So arbeitet der Verstand nagend, zerreißend, bis er die Vernunft wird vollständig befreit haben. Die aber dann, gleich einem echten, großmütigen Löwen, wird ihre Fallensteller und Jäger nicht zerreißen, sondern bemitleiden und verachten. Ja, das ist die nächste Aufgabe meines künftigen Lebens: Ich will das Christentum bekämpfen; früher habe ich von seinem nixenhaften Leibe die Hülle nur da weggezogen, wo sich menschlich schöne Formen präsentierten, jetzt will ich aber auch von dem Göttlich-Mißgeformten und Häßlichen den Schleier hinwegnehmen. Ich will die Kirche bekämpfen, und ich kann es; denn ich kenne ihre Waffen besser, als sie die meinen; ich will sie schonungslos bekämpfen, weil ich weiß, daß diese uralte Quacksalberin schonungslos ihre zahllosen Patienten aussaugt. Und zwar gilt es mir gleich, welchen Namen die Kirche immer führen mag: Katholisch oder Protestantisch, Reformiert oder Lutherisch, Baptistisch, Presbyterisch oder Methodistisch – das macht im Grunde wenig Unterschied; die dürften alle zu einer heiligen Allianz sich vereinigen, sie vertreten ja alle den Grundsatz, daß der Mensch nicht dieser Erde angehöre, sondern für den Himmel geschaffen sei. Wenn aber ein solcher Grundsatz allüberall Millionen gepredigt wird, ist es da ein Wunder, daß der größte Teil der Menschen so wenig auf der Erde und für die Erde leistet? Dieses Prinzip in seiner ganzen Niederträchtigkeit darzustellen, will ich in meiner künftigen rednerischen Tätigkeit versuchen, und was ich den schöneren Teil meiner Aufgabe nenne, ich will, so viel ich es vermag, als Ersatzmittel für die Scheinkost des Glaubens, das lebendige Brot der Wissenschaft, die geistigen Schätze unserer großen Forscher, Denker und Dichter dem Volke – nicht den Gelehrten, dem Volke darbieten, kurz mein bescheidenes Teil dazu beitragen, die Kirchen unnötig zu machen.

Klingt Euch das zu hart, weil ich selber eine Kirche gegründet habe? Ich habe aber, das wißt Ihr gut genug, diese Kirche zu einem Schulhause für Erwachsene machen wollen – Kirchen hatten wir ja schon genug, wie überall, so auch hier in Washington – sondern dies Haus sollte eine Stätte sein heilig, nicht als Wohnung irgend eines Gottes, sondern weil hier von dem Höchsten und Schönsten geredet werden sollte, was je des Menschen Geist ersonnen. Mit religiöser Aufklärung sollte begonnen werden, Pflege der Wissenschaft und Kunst sollte folgen. Unsere Kinder sollten hier zu sittlichen und freien Menschen erzogen werden. Und eines Tages gedachte ich zuversichtlich vor Euch hintreten zu können mit der Frage: Sind wir noch Christen?

Es wär' so schön gewesen, es hat nicht sollen sein!

So bleibt mir nur noch übrig, das traurige Wort: Lebt wohl! auszusprechen, und das wird mir gar nicht so leicht, als Ihr vielleicht denken mögt. Überall, wo der Mensch glaubt, gerne gesehen zu sein, und war es im elendesten Dorfe, da wird ihm der Abschied schwer; wie viel mehr mir hier, wo ich dereinst am Einweihungstage mit Euch einen Triumph des Fortschrittes gefeiert habe, wo wir Sonntag für Sonntag uns zusammenfanden, wo ich so manchesmal der vollen Begeisterung meines Herzens Ausdruck gab, von wo auch ihr, wie ich hoffe und weiß, nicht immer mit unentzündetem Herzen nach Hause kehrtet, wahrlich, es wird mir schwer, zu scheiden! Was ich an andrem Orte nie zugeben würde, hier, wo ich noch nie etwas anderes als meine Wahrheit, meine Überzeugung gesprochen, hier darf ichs sagen, daß ich nicht mit den Augen, aber mit dem Herzen geweint habe, als es mir zum Bewußtsein kam, daß alles umsonst war, daß abermals mein Vertrauen auf die Überzeugungskraft der Vernunft zu Schanden geworden war. Und doch, es kann nicht alles umsonst gewesen sein, ich weiß, daß trotz alledem hier und dort ein Körnlein Wahrheit in Euren Herzen Grund gefunden hat; und ich hoffe, daß diese Stätte, auch wenn ich scheide, niemals zu einer Brutstätte des Glaubensfanatismus wird. Über der Schwelle Eures Tempelhauses steht geschrieben: Deutsche, Unabhängige, Protestantische Gemeinde.

Laßt wenigstens diesen Namen nicht zu Schanden werden.

Ihr seid frei! Das habt Ihr vielleicht selbst geglaubt, und oft genug habe ichs Euch in gutem Glauben zugerufen: Laßt Euch nicht wieder unter das Joch fangen!

In Frieden wollen wir scheiden, und unsere gegenseitige Erinnerung sei eine freundliche.

Dient Ihr, wenn Ihr könnt, in Frieden Eurem Gotte, mir ist Kampf beschieden.

Um Wahrheit ich ficht,
Niemand mich abricht,
Ich habs gewagt! (...)

*

Kehren wir also zurück in das Jahr 1872. Unhaltbar war meine Stellung in der Ersten Reformierten Trinitatis-Gemeinde (ich verbitte mir ein- für allemal die Zeitungsbehauptungen, ich sei lutherischer, katholischer oder gar methodistischer Prediger gewesen, nein, ich gehörte zur echten reformierten Synode mit Heidelberger Katechismus und Prädestinationslehre und predigte – was ich wollte) namentlich durch meine Heirat geworden. Das war aber auch ein dummer Streich, den ich mit meinem ganzen Leben statt gut nur immer schlimmer und dümmer machen kann.

Ich spreche hier nicht in Bezug auf die Wahl, die ich getroffen, oder die Erfahrungen, die ich gemacht. Aber, was ich mir zum Vorwurf mache, ist, daß ich damals schon wissen konnte: Du bist nicht der Mann, der das Recht hat, eine Familie zu gründen. Es gibt Männer, die in der Jugend schon wissen, die es in allen Knochen fühlen, daß sie ihren Weg in der Welt machen werden, daß sie ihres Glückes Schmiede sind, daß sie dereinst eben sowohl Geschäfts- als Hausbesitzer sein werden. Für solche Menschen ist es Pflicht, Vorteil und Genuß zu heiraten. Es gibt aber auch junge Menschen, welchen das Vagabundentum in Fleisch und Blut steckt, die es mit 18 Jahren schon wissen können, daß sie nie einen eigenen Herd besitzen werden, daß die Freuden der Familie für sie stets sehr problematischer Natur sein werden, da sie niemals ordentlich dafür bezahlen werden können, ja, die außerdem schon aus Erfahrung wissen, daß ihnen jene Gewohnheits-Akkommodation, welche man in der Liebe Treue nennt, eine absolute Unmöglichkeit ist, für solche Menschen ist das Heiraten geradezu ein Verbrechen.

Ich war übrigens nicht so dumm, mir eine spezielle Ehre und besonderes Vergnügen aus dem Heiraten zu machen. Ich bedurfte weiblichen Umgang für Leib und Seele (man bedenke die vorhergegangene Wüstenwanderung), außerdem war ich verliebt, dess' seid ihr vielgeplagten Musen Zeugen! weiblicher Umgang aber stand nicht unter den Bedingungen, welche die Gemeinde mir gegenüber zu erfüllen hatte, folglich heiratete ich, und folglich ist mein Verbrechen nur die Folge des General-Verbrechens, welches unsre wunderbare Zivilisation im Namen der Tugend und des Christentums seit tausend Jahren an der Entwicklung der beiden Geschlechter verübt.

Über die eigentliche Anklage, welche schließlich von einigen Kirchenräten, deren Töchter ich nicht geheiratet hatte, erhoben wurde, habe ich schon früher einmal berichtet. Also ganz kurz. Voruntersuchung in Baltimore. Man beschließt, mich einstweilen zu sistieren. Ich lasse mich nicht verblüffen und erkläre den Herrn, daß ich nichts mit ihnen zu tun habe, daß die Gemeinde es wünsche, daß ich predigen soll, und daß mich also keine 10.000 Teufel daran verhindern würden. So geschahs. Man hatte die Kirche geschlossen, und zwei der anklagenden Kirchenräte standen als Wache vor der Tür. Prächtiger Sonntagmorgen, massenhafter Menschenandrang. Da schlägt mein allzeit tatkräftiger Schwiegervater ein Seitenfenster der Kirche ein, steigt hinein, bricht von innen das Schloß auf, wirft mit einem Ruck, der die beiden Wächter platt quetscht, die Türen auf, und hinein strömts ins Gotteshaus. Natürlich fulminante Triumphpredigt. Austritt nebst Gemeinde aus der Synode. Trotzdem kirchengerichtliche Verhandlungen derselben gegen mich in Washington, um die ich mich natürlich gar nicht bekümmerte, die mir aber brühwarm zugetragen wurden.

In diesen Anklagen spiegelten sich all die Laster wider, welche mich in den Jugendjahren von einer Schule zur andern jagten, und die mir von traurigen Gesellen, wenn sie nichts anderes wissen, heute noch aufgemutzt werden. 1. Falsche Lehre – konnte nicht nachgewiesen werden, da nur zwei alte Weiber positiv behaupteten, ich hätte in zwei Predigten keinen von den »drei heiligen Namen« gebraucht. 2. Bacchus und Gambrinus. 3. Venus. Eine Verbindung der zwei letzteren fand sich in dem schlimmsten Punkt der ganzen Anklageschrift, den ich mich heute noch geniere zu erwähnen. Es wurde nämlich behauptet, ich hätte eine sakramentale Handlung in betrunkenem Zustande vorgenommen und dabei noch obendrein die Taufpatin insultiert.

Nun will ich diese Geschichte schlicht und getreu erzählen. Ich hatte einen guten Sonntag. Gleich in der Kirche nach dem Gottesdienst zwei Kindtaufen, dann in meinem Hause eine Trauung, so daß ich stark ausschreiten mußte, um zu dem auserlesenen Diner bei meinem jetzt längst verstorbenen Freund E. zur rechten Zeit anzukommen. Besagter E., ein gemütlicher Rheinländer, Wein- und Feinschmecker, hatte nämlich beschlossen, seinen schon 7jährigen Sohn taufen zu lassen, teilweise weil ich ein »fideler Pastor« war, teilweise weil das eine gute Gelegenheit gab, gut zu essen und zu trinken. Die Zeremonie war gleich Null, aber das Übrige in höchster Opulenz. Die besten Rheinweine, Champagner, eine Zehn-Dollar-Bill für die Mühe; ich gestehe, als ich das Haus verließ, war mir zu Mut, als ob ich auf Wolken ginge. Jetzt folgte wieder eine Hochzeit, bei der man den Glücklichen in Dünnbier Bescheid tun mußte und abends 8 Uhr langte ich am Orte meines letzten Jobs in dem Hause meines Freundes und Kirchenvaters Freund an, woselbst sein jüngstes Enkelkind in den Schoß der Kirche aufgenommen werden sollte.

Nun will ich allerdings nicht behaupten, daß ich so nüchtern war wie der Täufling oder wie der heilige Antonius, als er aus der Wüste kam, aber ich absolvierte die Sache ohne Anstoß und war fröhlich unter den Fröhlichen. Ich erinnere mich ganz deutlich, daß der Großvater uralte Schelmenlieder sang und sich mit der Bemerkung entschuldigte: Heut schadt's nix, Herr Parre, heut sein mer unner uns Parrersdöchter.

Ja, aber wenn das Weib im Paradiese nicht gewesen wäre! – Die Taufpatin, Erie Anne Blair, den Namen habe ich nicht vergessen, war eine hübsche Amerikanerin. Nach Landessitte wollte sie mir einen Dollar als Douceur überreichen. Geld von einem hübschen Mädel? Nie! »Geben Sie mir doch lieber einen Kuß!« Das Mädel lacht und zieht sich mit ihrem Dollar kichernd zurück.

Das war die ganze Mordgeschichte. Passiert war sie schon vor Jahresfrist, und nun kam derselbe alte Judas, genannt Freund, und formulierte eine Anklage daraus, welche meinen unmoralischen Lebenswandel illustrieren sollte!

*

Diese mit Begeisterung begonnene Periode des »freien« Christentums endete mit einer Enttäuschung. In der Tat kann ich mich keines Unternehmens erinnern, an dem ich hervorragend beteiligt war, das nicht mit einer Enttäuschung geendet hätte, ausgenommen hin und wieder ein Kommers und der »Leseverein« in Washington, dessen herzerfrischender Tätigkeit durch das prosaische Heiraten der Mitglieder ein Ziel gesetzt wurde; und ich will durchaus nicht leugnen, daß ich selber zu diesen Enttäuschungen mein Teil beigetragen habe. Hätte ich damals meinen geistigen Zustand ordentlich geprüft, so hätte ich gar keine Kirche mehr gründen dürfen, wenn ich auch deutlich genug betonte, daß es sich dabei nur um eine Bildungsanstalt für Erwachsene handeln solle.

Von einem aber habe ich mich instinktmäßig immer ferngehalten, von dem finanziellen Teil solcher Gründungen. – Es gibt Idealisten, welche sich unnötig Feinde geschaffen und das eigene Dasein verbittert haben, weil sie, ohne das nötige geschäftliche Talent zu besitzen, selbst bei größeren gemeinnützlichen Unternehmungen nicht ruhten, bis sie das Geld in den Händen hatten. Ich habe sogar einen »radikalen Vorkämpfer« gekannt, der mit der linken Hand zu dem Fluch gestikulierte über die Stunde, da er zum ersten Mal zum Hasardspiel in Ländereien sich verführen ließ, während er mit der rechten Hand zu gleicher Zeit neue Spekulations-Kontrakte unterzeichnete.

Dafür ist auch von der Verwünschung kleiner Geldjäger und der Klage armer Beraubter nichts zu finden in der Zornesschale, welche immer wieder über mein Haupt ausgeleert wird. Und wenn es mir auch in Washington nach urzeitlicher Vorschrift für arme Teufel passieren mußte, daß ich einen andern Ritter um ein »Darlehn« auf unbestimmte Zeit ansprach und wegen des verfluchten Hauszinses meine *Laren und Penaten* öfter wandern lassen mußte, als es sich mit bürgerlicher Wohlanständigkeit und Bequemlichkeit vertrug, so hat mir doch kein Mensch einen Vorwurf daraus gemacht, daß die Aktiengesellschaft zur Gründung und Bezahlung der neuen Kirche ein klägliches Ende nahm. Die Verwaltung lag (den wackeren Präsidenten ausgenommen) in den Händen von Leuten, die von solchen Sachen gar nichts verstanden, und von denen Einzelne sogar, wie es sich später herausstellte, in der Ehrlichkeit nicht ganz kapitelfest waren. Die Kirche wurde allerdings gebaut, und es war ein geräumiges, freundliches Gebäude, aber bezahlt wurde sie nie. Heute ist sie zu einer öffentlichen Schule umgebaut.

Trotz der schlechten Verwaltung hätte aber die Schule doch erhalten werden können, wenn nur der Kern gut gewesen wäre. Aber ach, den armen Menschen wurde gar bald vor ihrer Gottähnlichkeit bange! Meine immer mehr in das Gebiet freigemeindlicher Vorträge übergehenden Predigten hatten sie sich, während wir noch kein home hatten, in den verschiedenen Hallen der Stadt ganz gut gefallen lassen, als wir aber erst einmal wieder in der Kirche tagten, meinten sie, nun müsse doch auch das Christentum wieder mehr zur Geltung kommen. Ich aber wurde ein immer lästerlicherer Ketzer und man kann sich einen Begriff machen von diesem »Gottesdienst«, wenn ich beispielsweise erwähne, daß ich sogar den Heinrich Heine in den Altargottesdienst einführte; daß das möglich war, hat sich der Dichter seiner Lebzeiten gewiß nicht träumen lassen. Da mir aber von außen her, von denen, welche einsahen, daß ich früher oder später doch der Ihrige werden mußte, Aufmunterung zukam, und von Seiten der Mitglieder niemand etwas zu sagen wagte, so hatte ich keine Idee, daß nicht alles war, wie es sein sollte.

Eines schönen Montagmorgens saß ich in guter Ruh in dem »Frontparlor« meines Palastes, paßte auf das Baby auf und rauchte die längste aller Pfeifen. Selten war ich so mit mir und mit Gott und der Welt zufrieden. Den letzten Überrest des synodalen Pfaffentums, den Talar, hatte ich den Tag vorher zu Hause gelassen, und wenn auch ein bedenkliches »Murmeln im Publikum« entstanden war, so glaubte ich doch den Fortschritt von der Kutte zum Rock in meiner Predigt genügend motiviert und glänzend gerechtfertigt zu haben. Als ich daher ein Dreierkomitee des Gemeinderates auf das Haus zuschreiten sah, konnte es sich nach meiner Ansicht nur um einen gemeinsamen Frühschoppen handeln. Aber wie grausam wurde meine Montags-Idylle samt meiner ganzen Selbstzufriedenheit auf einmal zerstört!

Den Herren war freilich selber nicht wohl zumut, namentlich fühlte der Präsident sich sehr unbehaglich in der ihm aufgezwängten Rolle eines Rügenmeisters; er war einer von jenen alten, fidelen Herrn, deren rosiges Gesicht prächtig mit dem Schnee auf dem Kopf und unter der Nase kontrastiert, und war, als vollständig Ungläubiger, nur aus Oppositionslust zu der Gemeinde getreten. Bessere Christen waren seine beiden Begleiter, ein langer und ein kurzer Schuhmacher, von denen ersterer mit stockender Stimme und niedergeschlagenen Augen den unheilvollen Sang begann.

»Die Leute beklagen sich ... es ist doch eine Kirche ... wir haben gewiß nichts einzuwenden, von uns hat keiner was gesagt (dabei war der Sprecher der Hauptwühler) ... aber die Frauen, die sind sehr unzufrieden, daß Sie ohne Chorrock auf die Kanzel gingen ... Wissen Sie, Herr Pastor, ein Pfarrer ist halt doch immer ein Pfarrer ... Wenn Sie also ein klein wenig vorsichtiger ...«

Ich begriff auf einmal den Zusammenbruch eines schönen Menschenbeglückungs-Gebäudes, und, wie es mir bei starken, unangenehmen Gemütsbewegungen öfters passierte, mir wurde schlecht, und ich ging hinaus, nicht um zu weinen, sondern um mich zu erbrechen. Ein Beweis, daß Kopf, Herz und Magen in Wechselwirkung stehen. Meine kleine Frau aber, die nur verstand, daß man mir zu nahe getreten war, jagte mit einem energischen »get out!« die Herren der Schöpfung zur Türe hinaus. Da gingen sie hin mit gesenkten Köpfen und ahnten, daß sie etwas zerrissen hatten, das sich nicht mehr knüpfen ließ.

Die Herren vom Kirchenrat hatten nicht gedacht, daß ich die Sache »so zu Herzen nehmen« würde, und als ich ihnen noch am selben Tage sagen ließ, daß ich nächsten Sonntag meine Abschiedspredigt halten werde, da gab es wie im Nibelungenlied »Weinen und Klagen«; aber ich fühlte, daß ich jetzt einer andern Sache Treue schuldig, daß ein strenger Geist zwischen mich und das geträumte Paradies einer »freien Kirche« getreten war, der Geist der Wahrheit! Und in diesem Sinne habe ich auch vor einem großen und tiefbewegten Auditorium meine letzte Predigt gehalten, von der ich ja meinen Lesern schon früher das Hauptsächliche mitgeteilt habe. Ich hatte auch wie die alte Burschenschaft »ein stattliches Haus« gebaut, aber weil mir das Gottvertrauen fehlte, mußte ich hinaus; das Band war zerschnitten, aber nicht weil Gott es gelitten hat, indem er nicht wußte, was er wollte; sondern ich selber, der besseren Überzeugung folgend, hatte es durchhauen mit dem stolzen, freudigen Mut, den das Bewußtsein verleiht, dem »höheren Gesetz« zu folgen, das den himmelhoffenden und höllenfürchtenden Christen ebenso gut ein ewiges Rätsel bleiben muß, wie den götterlosen Alltagsmenschen.

Ich bin stolz auf jene Periode meines Lebens, auf jenen Abschluß meiner grünen Abenteuer. Ich verließ eine behagliche, vom materiellen Standpunkt aus sehr einträgliche Stellung, die sich sogar mit einiger Dehnbarkeit des Gewissens vor Freisinnigen rechtfertigen ließ. Ich hatte natürlich nichts gespart, dafür eine Familie mit ganz kleinen und kommenden formlosen Kindern, also eine Zukunft voll Entbehrung und mit der vollen Wucht des: »Was nun?«, das Fritz Reuter an der Schwelle des Gefängnisses entgegentrat; ich war also ein noch ärmerer Teufel, als da ich mein Haupt auf dem Pflaster New Yorks, auf den Moosbänken des Susquehannah bettete, aber ich war frei! Ich bin stolz auf jene Periode, weil ich dieser Introduktion des männlich freien Strebens seitdem in den fünfzehn Jahren durch keine Versündigung am Geiste des Fortschritts Unehre gemacht habe. Ich habe seitdem noch manche sog. Ideale begraben müssen, aber nie habe ich gezögert, unbekümmert um die Konsequenzen, die Wahrheit zu sprechen und zu schreiben, und wenn ich auch einmal auf einer unpassenden oder gar unedeln Waffe mich ertappte, ich habe doch immer dieselben Drachen bekämpft, die Lüge, die Heuchelei, die Ungerechtigkeit, und mein Rückhalt, die Burg, welche ich verteidigte, der Wundertrank, welcher mich erfrischte, war immer die Huttensche Devise: »Und sollt es brechen vor dem End, nie werd ich von der Wahrheit lassen!«

Manchen jungen Pastoren habe ich seitdem getroffen, mir an Kenntnissen überlegen, dem auch das Wort Gottes leerer Schall war; ihre einzige Entschuldigung war: Was können wir denn sonst anfangen? wir wollen doch leben! Ich habe sie nicht ermutigt, die schäbige, aber Brot und Wein und Fleisch garantierende Fessel abzuwerfen, ich dachte mir: Wenn du's nicht fühlst, du wirst dir's nie erschaffen! und wer so arm an moralischem Mut ist, für den ist die Kirche gerade gut genug, den wollen wir dem Herrgott gern lassen.

*

Ich will mich über den lächerlichen Prozeß nicht weiter verbreiten. Es genüge zu erwähnen, daß demselben ein ernsthafterer nachfolgte: der Kampf um das Eigentum zwischen der Gemeinde und der Synode.

Die Kirche, einerlei wie sie sich nennen mag, befolgt nämlich in solchen Fragen immer eine schlaue und sichere Praxis, findet sich irgendwo eine arme Gemeinde, so offeriert ihr die Synode Unterstützung in der Bezahlung des Predigers, natürlich unter der Bedingung, daß die Gemeinde in die Synode eintritt und sich den Gesetzen derselben unterwirft. So stand es auch mit der Washingtoner Gemeinde zur Zeit, als sie mit mir aus der Synode austrat.

Indessen waren die Obligationen derselben gering, und da die Synode Beschlüsse der Gemeinde mißachtet hatte, so hatten wir gute Aussicht, unser Eigentum mit Hilfe von Advokaten und viel Geld als solches bestätigt zu sehen. Wir hatten die besten Advokaten und die Sympathie des Publikums. Aber auf der anderen Seite der Druck der Pfaffen, die mit den Herrn Richtern immer und überall aus einer Schüssel fressen. So verkündeten uns denn unsre Herren Advokaten, nachdem sie uns fortwährend Sieg versprochen und alles, was zu kriegen war, fein säuberlich eingestrichen hatten, eines Tages mit betrübter Miene, daß wir den Prozeß verloren hatten.

In Religionskriegen entwickeln die Völker ungewohnte Energie. Kaum waren wir endgültig geschlagen, da war auch schon der Beschluß gefaßt, eine neue Kirche zu bauen, natürlich eine größere und schönere, und da eine Anzahl der sog. Freisinnigen uns ihre Unterstützung zu teil werden ließ, so wuchs dieselbe auch mit fabelhafter Geschwindigkeit aus der Erde.

Schon oft hat es mir infernalisches Vergnügen bereitet, daß damals an einem wunderschönen Sonntag die Freimaurer die Grundsteinlegung der »Unabhängigen protestantischen Gemeinde« mit vielem Zeremonienprunk vollzogen, wobei es nur ein Glück war, daß sie meine Einweihungsworte nicht verstehen konnten.

Ich erklärte nämlich mit offenen, ehrlichen Worten, daß mir der christliche Dogmenglauben zu eng geworden, daß es mich gelüste, statt in der Bibel in den unendlichen Gebieten der Geschichte, Naturwissenschaft, Literatur das Schöne, Gute und Wahre zu suchen, und daß ich Raum verlange für den Flügelschlag meiner Seele. »Dies soll kein Gotteshaus sein«, rief ich über die Menge hin, »sondern ein Haus, in welchem Menschen zusammenkommen, die redlich nach der Wahrheit streben.« – Ach, das war auch so ein Tag, da mir ein ganzer Himmel der Zukunft offen zu stehen schien und den ich doch nur zu bald durch bitterste Enttäuschung büßen mußte.

Die Kirche stand; ich lehrte, was in mir vorging, alle Zweifel, alle Errungenschaften des Tages, jeder Lichtstrahl, der in mir aufzitterte, überflutete am Sonntag meine Zuhörer. Es wäre eine glückliche Zeit gewesen, wenn mir nicht die einfältigen Zeremonien, welche ich doch nicht ganz umgehen konnte, das Leben einigermaßen verbittert hätten, und wenn es mir gelungen wäre, in die Freundschaft oder auch nur in den Umgangskreis der Menschen einzudringen, welche mir die meiste Achtung einflößten.

Wie bemerkt, die sog. Freisinnigen waren mir sehr hold gesinnt und gaben mir mit Taufen, die eine Art Kindesweihe waren, oder mit legeren Trauungen (unbequeme Fragen werden keine gestellt) manchen Dollar zu verdienen. Es gab aber eine kleine Anzahl von radikalen Freidenkern, welche für alles, was in die Kategorie Pfaffe gehörte, und mochte es noch so weiß gefärbt sein, unnahbar blieben. Daß gerade diese, in welchen ich die einzigen Charaktermenschen nicht verkennen konnte, sich mir gegenüber in einen gewissen Panzer der stillschweigenden Verachtung hüllten, das tat weh und war doch so heilsame Medizin. Ich bin fest überzeugt, daß mancher junge Theologe, der das Zeug in sich hat, den Kampf ums Dasein in der Freiheit aufzunehmen, bis zur Entfaltung der eigenen Kräfte käme, wenn nur die Freien ihn konsequent die Verachtung fühlen ließen, welche er durch seinen Stand verdient. Aber da werden im Gegenteil junge Theologen, wenn sie nur einige gesellschaftliche Vorzüge besitzen, von allen Seiten gehätschelt, man respektiert gewissermaßen ihre Doppelnatur, nichts erinnert sie an die elende Rolle, die sie im Grunde spielen, und sind sie erst daran gewöhnt, glauben sie an sich selber als an eine berechtigte Eigentümlichkeit einer christlich-heidnischen Zeit und sind der Wahrheit und Ehrlichkeit für alle Zeit verloren.

Es erfüllt mich heute noch mit Genugtuung, daß gerade jene Unversöhnlichen und Unzugänglichen zu meinen besten Freunden wurden, sobald ich das Pfaffentum öffentlich hinter mich geworfen hatte.

Meine schlimmste Enttäuschung erlebte ich aber zunächst im eigenen Lager.

Die Gründung der »freien Gemeinde« in Washington, welche sofort auf meinen Austritt aus der Kirche erfolgte, war ein sehr freudiges und stolzes Ereignis, und noch manche treue Seele wird an die Wirksamkeit derselben mit Freuden sich erinnern. Standen wir doch auch in der sozialen Frage mitten in der Erkenntnis der Evolutionen, beziehungsweise der Revolutionen drinnen. Wie aber die freie Gemeinde nach und nach wieder in das Nichts zurücksank, sodaß man in Washington sie heute so wenig finden kann wie in Frankfurt die Republik, das war ein sehr graues und trauriges Ereignis.

Auf meinen jahrelangen Reisen zur Verbreitung des freien Gedankens habe ich dann freilich noch manches Abenteuer erlebt, das mir immer grün im Gedächtnis bleiben wird, aber diese kleinen Skizzen werden sich schon bei den richtigen Gelegenheiten im *Armen Teufel* einfinden.

Der *Arme Teufel* ist selber so ein Abenteuer, ein fortgesetztes, das mir hoffentlich so lange grün bleiben wird, bis mich und die Welt die graue Ewigkeit verschlingt.

Über tredition

Eigenes Buch veröffentlichen

tredition wurde 2006 in Hamburg gegründet und hat seither mehrere tausend Buchtitel veröffentlicht. Autoren veröffentlichen in wenigen leichten Schritten gedruckte Bücher, e-Books und audio-Books. tredition hat das Ziel, die beste und fairste Veröffentlichungsmöglichkeit für Autoren zu bieten.

tredition wurde mit der Erkenntnis gegründet, dass nur etwa jedes 200. bei Verlagen eingereichte Manuskript veröffentlicht wird. Dabei hat jedes Buch seinen Markt, also seine Leser. tredition sorgt dafür, dass für jedes Buch die Leserschaft auch erreicht wird.

Im einzigartigen Literatur-Netzwerk von tredition bieten zahlreiche Literatur-Partner (das sind Lektoren, Übersetzer, Hörbuchsprecher und Illustratoren) ihre Dienstleistung an, um Manuskripte zu verbessern oder die Vielfalt zu erhöhen. Autoren vereinbaren direkt mit den Literatur-Partnern die Konditionen ihrer Zusammenarbeit und partizipieren gemeinsam am Erfolg des Buches.

Das gesamte Verlagsprogramm von tredition ist bei allen stationären Buchhandlungen und Online-Buchhändlern wie z. B. Amazon erhältlich. e-Books stehen bei den führenden Online-Portalen (z. B. iBookstore von Apple oder Kindle von Amazon) zum Verkauf.

Einfach leicht ein Buch veröffentlichen: **www.tredition.de**

Eigene Buchreihe oder eigenen Verlag gründen

Seit 2009 bietet tredition sein Verlagskonzept auch als sogenanntes "White-Label" an. Das bedeutet, dass andere Unternehmen, Institutionen und Personen risikofrei und unkompliziert selbst zum Herausgeber von Büchern und Buchreihen unter eigener Marke werden können. tredition übernimmt dabei das komplette Herstellungs- und Distributionsrisiko.

Zahlreiche Zeitschriften-, Zeitungs- und Buchverlage, Universitäten, Forschungseinrichtungen u.v.m. nutzen diese Dienstleistung von tredition, um unter eigener Marke ohne Risiko Bücher zu verlegen.

Alle Informationen im Internet: **www.tredition.de/fuer-verlage**

tredition wurde mit mehreren Innovationspreisen ausgezeichnet, u. a. mit dem Webfuture Award und dem Innovationspreis der Buch Digitale.

tredition ist Mitglied im Börsenverein des Deutschen Buchhandels.

Dieses Werk elektronisch lesen

Dieses Werk ist Teil der Gutenberg-DE Edition DVD. Diese enthält das komplette Archiv des Projekt Gutenberg-DE. Die DVD ist im Internet erhältlich auf **http://gutenbergshop.abc.de**